eビジネス新書
No.368

週刊東洋経済

30・40・50代からの

老後マネーの
て方

週刊東洋経済 eビジネス新書　No.368

老後マネーの育て方

本書は、東洋経済新報社刊『週刊東洋経済』２０２０年１２月１２日号より抜粋、加筆修正のうえ制作しています。情報は底本編集当時のものです。（標準読了時間　９０分）

老後マネーの育て方　目次

お金と投資　超入門

「老後資産が2000万円不足する」。後に波紋を呼ぶ金融庁報告書が公表されたのは2019年6月。人生100年時代を見据え、老後に備えるための資金運用を呼びかけたものだった。

年金を軸にした老後の生活設計の限界を国が認める格好となり、報告書は撤回に追い込まれたが、専門家には違和感のない内容であった。中高年にも、老後に備えたマネープランの重要性が認識されるようになる。意外にも将来の生活設計に危機感を抱いたのが、30代を中心とした若い世代だ。

株式投資開始から5年で自己資金を10倍にした藤川里絵氏は投資スクールの人気講師でもある。「投資に関する講座には20代、30代がものすごく増えている。女性も多く、男女は半々くらい。仕事を引退して時間とお金に余裕のある男性は逆に減ったくらい」。

生涯のマネープランを策定するのは早いほどよい。家庭を持っても子どもが幼いうちは子育て費用はそんなに重くはないが、子どもが高校、大学へと進むにつれ、教育費は莫大なものとなる。

「子どもの教育費のピーク時は家計の収支がマイナスになり、年金生活が始まって数年後に貯蓄が底を突くことも。30代なら事前に対応策が取れる」（ファイナンシャルプランナーの坂本綾子氏）。若者たちも現実と暗示された未来を敏感に察知したのである。

もちろん、資金運用の開始は40代や50代でも十分に間に合う。運用によって、「少し余裕のある生活を送ること」を目指すにすぎないからだ。若い世代、中高年でも初心者なら、まずは1000万円程度の金融資産を目標に運用を始めてみてはどうか。経験が豊富な人なら、株式市場が堅調な今は、新たな手法を試してみるチャンスかもしれない。お金や投資のことをじっくりと考えてみてほしい。

30代からチャンス！

家計を見直し資産をじわじわと殖やす5ステップ

ファイナンシャルプランナー・坂本綾子

一般的に、30代は結婚、出産、住宅購入など、人生のイベントがとても多い。イベントに関する費用について決断を迫られる時期ともいえる。

大きな額が必要となることから、準備しておきたい人生の3大資金が、教育資金、住宅資金、老後資金だ。老後資金を使うのは、30代ならまだ先だから、貯めるための時間は十分にある。

子育ての費用は、子どもが生まれてから約20年にわたる長丁場で必要となり、成長とともに衣食代や、最近はスマートフォン料金なども含めて養育費が増えていく。

しかし、授業料などの教育費として、まとまった資金が必要になるのは、小中学校から私立に進学させる選択をしないなら、大学などの高等教育においてだ。子育ての仕上げの数年間が最も家計への負担は大きい。つまり、これも実際に大きな資金が必要になるのは30代の場合もう少し先になる。

この2つよりも前に使うことになるのが住宅資金であるという家庭は多い。長期固定金利の住宅ローンである「フラット35」利用者に対する調査によれば、最も利用者が多いのは30代で4割を占める。次が40代で3割弱となっている。

つまり、住宅資金は30代にとって最初の大きな支出であり、その後の家計に大きな影響を及ぼすことになる。

住宅ローンを組んで住宅を購入すれば、毎月の住宅ローンの返済額と、年間の固定資産税など、家計の中の住居費がある程度固定される。そのためか、子どものいる30代のご夫婦からの家計相談は、貯蓄のうち住宅購入の頭金として○○万円を使い、住宅ローンを○○万円組む予定だが問題ないか、というものが多い。

長期間の収支を見る

長期間の収支の推移を見るためにキャッシュフロー表を作ってみる。子どもが幼く、子育て費用もあまりかからない時期は収支に余裕があるものの、教育費のピークには収支がマイナスになり、年金生活が始まって数年後には貯蓄が底を突く結果になりかねない。

30代なら、こうならないために事前に対応策が取れる。

さまざまな家計を拝見して強く思うことは、住居費の負担が大きすぎると、家計がいかに大変になるかである。破綻せずにやり繰りしていくためには、当然ながら食費や教育費などほかの支出にシワ寄せがいくことになる。

賃貸なら家賃、すでに住宅を購入しているなら毎月の住宅ローン返済に固定資産税、マンションなら管理費などを含めて、住居のために払っている費用が現時点で家計のどれくらいを占めているのか、一度、確認したい。

住宅ローンの場合、金融機関にもよるが、総返済負担率（税込み年収に対する年間合計返済額）の上限が35％とかなり高いところもある。ただし、借りることができたとしても、実際に返していけるか、ほかの支出に影響が及ばないかは、あくまで自分で判断しなければならない。

家族構成などにもよるが、収入をいろいろな項目にバランスよく支出して健全な生活を送ろうとするなら、住居費は税込み年収の20％まで、手取り年収なら25％までが、適正な範囲ではないか。

住居費の割合を確認することをスタートとして、30代のうちから5つのステップを実行しながら、貯蓄を殖やしていきたい。ポイントは、住居費支払いと教育資金準備の両立だ。

①住居費（家賃、住宅ローン）が家計に占める割合を確認
②住居費を下げられないか検討
③教育費のかかる時期と準備の方法を検討
④住居費と教育資金準備を両立できるプランの設定
⑤実行と見直し

住居費の割合を確認した結果、適正な範囲に収まっていない場合は、次のステップとして、住居費を下げる方法がないかを検討しよう。賃貸なら、子育て世帯への家賃補助を行う自治体があるし、住宅地によっては、最寄駅が1駅違うことで家賃相場が異なったりするから調べよう。

月に2万円節約できるなら年間では24万円、5年で120万円。国立大学の初年度納付金は標準額で82万円だから、払ってなお余裕がある。私立大学の文系なら平均的な初年度納付金を払える金額だ。

いずれ住宅を購入する予定なら、それまでの住居費を下げることができれば、頭金をより貯めやすくなり、住宅ローンの額を減らせることで、毎月の返済額も減る。そして購入の際は、金融機関から借りられる額ではなく、家計に無理のない返済金額で住宅ローンを組むのが鉄則だ。

すでに住宅ローンを組んでいるなら返済額を変えることは難しいから、収入を増やす方法がないかを考えたい。

妻が専業主婦なら働くことを考える、パートなら収入の多い働き方に変更するなど、収入を増やすことができれば、相対的に住宅ローン返済の比率は下がる。収入を増やすことは簡単ではないが、30代なら、それより上の年代に比べれば可能性は高い。会社員なら勤務先の昇給規定で、今後どのようなタイミングや状況で給与が上がり、住居費の比率が下がる可能性があるかを確認しよう。

次に、しっかり把握しておきたいのが多くの教育費が必要になる時期だ。次のグラフは、3歳と1歳の子どもを持つ夫婦（夫36歳、妻31歳）の例である。家庭ごとの判断となる習い事や塾の費用に学校の授業料なども含めた、教育関連支出の全国的なデータを基にしている。

50代で急増する！ —年間教育費の推移—

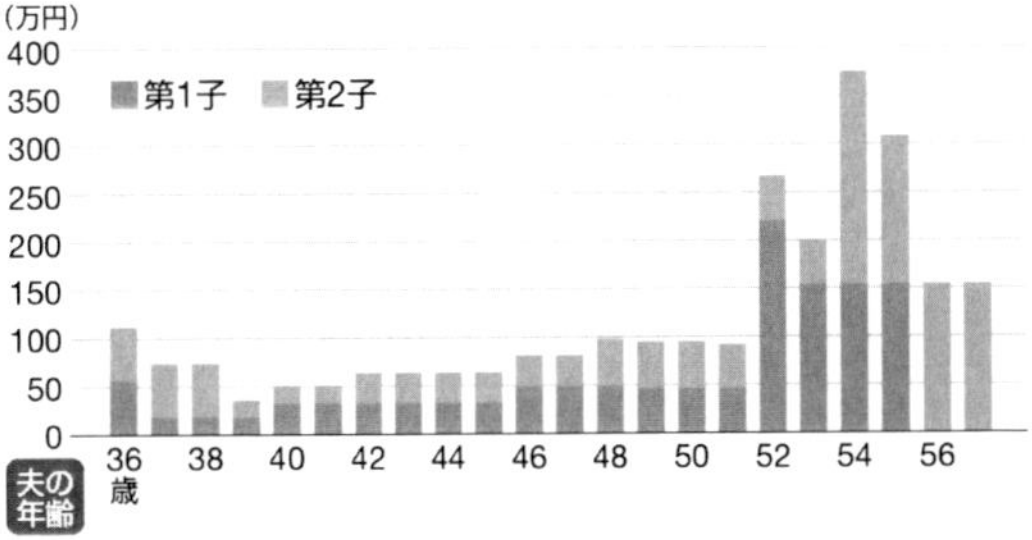

(注)夫36歳、妻31歳、第1子3歳、第2子1歳、進路は2人とも保育所、公立の小・中・高、大学は私立文系の場合

進路は高校までは公立、大学は私立の文系に進んだケース。第1子の大学進学後は年間の教育費が一気に増えて、子どもが2人とも大学生である年には年間300万円を超えてピークとなる。

教育費は、子どもの進路や教育費のかけ方によって違ってくる。

私立中学受験を考えているなら、先の図よりも6年早い時期から教育費の負担が大学並みになることを覚悟しておきたい。先のグラフは全国平均であり、塾代などを平均以上にかけるならもっと高くなるはずだ。ただし、子どもが卒業すれば負担はなくなる。教育費は終わりのある支出だ。山を意識して準備し、無事に乗り越えたい。

少子化対策で、高校までの子どもがいる世帯への支援はここ数年で増えているから、対象となる支援は漏れなく受け取って、高校までにできる限りの準備をしておくことが重要だ。

子育て支援を活用

子育て世帯への支援制度を次の表にまとめた。

支給額は異なるが、子どもがいる世帯なら中学3年生までもらえるのが児童手当だ。受け取る児童手当相当額を貯めていけば、所得の多い世帯でも合計約90万円、一般的な世帯なら約200万円を貯めることができる。これは教育資金を貯める基本としたい。

所得制限なしで受けられるのが、3～5歳児への「幼児教育・保育の無償化」だ。幼稚園や保育所などの利用料が無料になる。2019年から始まった。これを機に、子どもを預けて仕事をするようになった主婦もいる。負担が減った分を将来の教育資金の貯蓄に回したい。

■ 子育て世帯への主な支援制度

子どもの年齢		制度	内容	所得制限
ゼロ歳から中学卒業まで		児童手当	3歳未満月1万5000円、3歳以上月1万円、第3子以降は小学校卒業まで月1万5000円を支給	子どもが2人で世帯主の年収が918万円以上なら、月一律5000円
3歳から5歳		幼児教育・保育の無償化	3〜5歳児クラスの幼稚園、保育所などの利用料が無料(月額の上限あり)送迎費、行事費などは保護者負担	なし
高校	公立	高等学校等就学支援金	公立高校の授業料相当額月9600円を支給	年収約910万円未満*
	私立		私立高校生には加算があり、平均的な私立高校の授業料相当額である月3万3000円を支給	年収約590万円未満*

(注)*は両親のどちらかが働き、高校生と中学生の子どもがいる世帯の場合

高校生には、一般的な年収の世帯なら公立高校の授業料相当額が支給される。私立高校に進学した場合も、年収制限はあるが、授業料相当額の支援が受けられる。先の表に記載したのは国が定めた所得制限の金額だ。自治体によっては、これより所得が高い世帯へも上乗せ支給を行っている。

子育て世帯への支援は、国の制度を基本に、自治体ごとの違いもある。住居のある自治体の制度を確認したい。

このように、高校までは多くの世帯が何らかの支援を受けられる。しかし、大学以上になると、給付に関しての所得制限の金額が大きく下がる。返済義務がない給付型の奨学金は住民税非課税世帯などに限定される。

ここ数年、大学や自治体、団体などが大学生への給付型の奨学金を増やしてはいるが、一般的な収入の世帯なら、大学の教育費は親が負担するか、どうしても足りない分だけ子ども自身が貸与型の奨学金を借りる方法が最も現実的だということを覚悟しておきたい。

簡単でいいので、親の年齢、子どもの年齢、各年の教育費の目安を表計算ソフトなどにまとめておくと、これからの教育費の支出状況を予想できる。

ここまで来たら、家計の中で住居費の支払いと、教育資金準備のための貯蓄をどう配分するかを考えよう。手取りベースなら、住居費の負担は25%まで。教育資金のための貯蓄は最低でも児童手当分。できることならこれに上乗せしたい。

また、まだ先とはいえ、可能であれば、少しずつでいいので老後資金の準備も始めておきたい。教育資金も含めた貯蓄額を手取りの20~25%確保することを目標に支出を見直してみよう。すぐには難しいなら可能な範囲で構わない。実行できることから始めて、1年に一度は、収入に対する住居費の割合、教育費も含めた貯蓄額の割合を確認しよう。

住居費の比率をなるべく下げること、教育費を早い時期から使いすぎると最後の山を越せなくなるかもしれないこと。この2つを頭に入れて30代から家計をやり繰りしていけば、将来の教育資金はもちろん、老後資金も、じわじわと殖やしていけるはずだ。

坂本綾子（さかもと・あやこ）

大学卒業後、取材記者を経て、ファイナンシャルプランナー坂本綾子事務所設立。生活者向けの家計相談やセミナーを行う。著書に『まだ間に合う！50歳からのお金の基本』など多数。

まずは通信費と光熱費だ

今日からできる超節約術

節約アドバイザー・和田由貴

節約は、効率よく削れる部分を見つけることと、無理なく生活に定着させることが重要である。例えば20代、30代の人たちが、今日から節約を始めようと考えると、大抵はランチを少し安いものにしよう、飲み会で2軒目に行くのはやめておこうなど、わかりやすい出費から節制しがちだ。もちろんそれも必要なのだが、食費や交際費などを大きく削ろうとすると我慢を伴うため、ストレスで長続きが難しくなる。節約の順序としては、光熱費や通信費の基本料金といった固定費からまず見直そう。

一度の見直しで節約が継続し効果が大きい通信費は、最初に手をつけたい部分である。つい先日も、政府が携帯電話料金の値下げを事業者に求めるという報道があったが、過去10年ほど同じようなニュースが繰り返しあっても、変化は2年縛りの違約金が安くなった程度。消費に占める移動電話通信料の割合は右肩上がりだった。

そこで検討に加えたいのがMVNO（仮想移動体通信事業者。格安SIM・格安スマホ）だ。MVNOの場合、デュアルタイプ（音声通話＋データ通信）が月6ギガバイトの契約で2000円程度。大手キャリアのプランと比較すれば安さは歴然。しかし、MVNOの契約数は、携帯電話契約数全体の1割にも満たない状況である。乗り換えが進まないのは、MVNOはサービスや質が大きく劣るのでは？という先入観、端末を買い替える必要があるのでは？という勘違い、単純に手続きが面倒くさい、などの理由がある。しかし、一度見直せば節約効果は絶大だ。

光熱費も大本からの見直しをまず考えてほしい。電力もガスも自由化で多くの事業者が参入しており、さまざまな料金プランを選べるので、比較サイトなどで自分に合ったプランを見つけたい。

そのうえで、日々の使い方で気をつけたいのは、使用する割合の多い部分を重点的に節約することである。次図は家庭で消費しているエネルギーを用途別に表したものだ。

■ エネルギーと電話料金を減らす

―世帯当たりの用途別エネルギー消費―

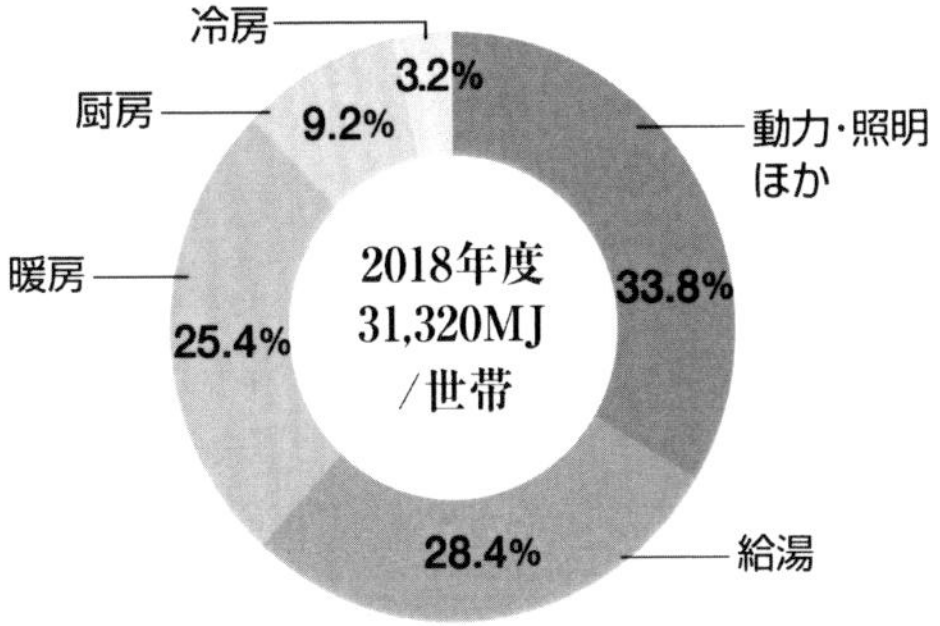

（注）MJ（メガジュール）は0.2778キロワット時　（出所）資源エネルギー庁

動力・照明ほか、給湯、暖房の3つで多くの割合を占めていることがわかる。割合が多いものは当然コストも大きいので、冷房より暖房の節約に気をつける必要があり、給湯はあらゆる家電の使用に匹敵するくらいのエネルギーを使用していることを自覚して節約しなければならない。

とくに給湯の節約は、節水の効果も加わるため効果は大きい。ガス給湯器を使用している場合、常温水と給湯器で沸かした40度の湯とを比較すると、そのコスト差は3倍以上。シャワーの湯を1日1分間分減らすだけでも年間3000円以上の節約効果がある。

家電については、使用割合の多い上位4家電（冷蔵庫、照明、テレビ、エアコン）は省エネ性能によって消費電力量が大きく異なるため、製品選びも重要な節約ポイントだ。また、暖房器具のみならず、電気ポットや炊飯器のように熱を発する家電は消費電力の大きい傾向があるので、多用しすぎないよう注意しよう。

節約は、無駄な部分を省き、使うべきところにしっかり使うための手段だ。我慢一辺倒の節約ではなく、効率よくコストを減らし、豊かな生活に役立ててもらいたい。

和田由貴（わだ・ゆうき）

消費生活、家電製品、食生活など、暮らしや家事の専門家・アドバイザーとして多方面で活動。『和田由貴のシンプル節約術』『年間50万円は貯まる　チリ積も節約術』など著書多数。

投資信託と株取引で資産拡大に挑もう!

30代の社会人が資産運用を始めるには、どういった手順を踏めばいいのだろうか。専門家への取材を基にまとめた。

「投資=金融商品の売買と考えてはいけない。家計の節約から始め、リスク許容度の設定、金融商品や口座選び、定期的にメンテナンスするという流れを意識して取り組むべき」と話すのは、投資教育家でフィナンシャル・ウィズダム代表の山崎俊輔氏だ。

「よくあるのが、定期預金100万円全額を投資に回すというケース。いきなり高額の投資を始めると、元本割れを起こした際に金額ベースでの損失額は大きくなる。それよりは、生活を見直して月に数万円でも資金を捻出し、ゼロから積み立て投資を

始めたほうがよい。少ない金額で始めると心理的なハードルは下がり、続けることで経験値も高まる」（山崎氏）

例えば、100万円で買った金融商品の価格が30％下がった場合、投資の初心者にとって30万円の評価損はかなり痛い。それ以上の下落を恐れて、損切りをするかもしれない。ところが、月1万円の積み立てなら、初月にそれだけ下落しても3000円の損失なので、金額的には許容できるだろう。翌月以降も投資を続けるので、価格の変動によってはリカバリーしやすくなる。

■ 30代が資産運用を始めるための5つのステップ

ステップ1	家計の節約	毎月の資金を捻出するため家計を整理する
ステップ2	リスクの割合を決める	総資産のうち どれだけリスク商品に投じられるかを決める
ステップ3	金融商品を選ぶ	株式や投資信託などから選ぶ
ステップ4	口座を選ぶ	課税口座、iDeCo口座、 つみたてNISA口座などから選ぶ
ステップ5	定期的なメンテナンス	PDCAを回して最適化を図る

（出所）取材を基に東洋経済作成

プランづくりが必須

「いつ結婚して、子どもが生まれたらいつ進学する、マイホームは○○歳までに買いたいなど、ライフステージ・ライフプランは人それぞれ。これに運用期間や期待するリターン、許容リスクを照らし合わせて初めて、どの金融商品で運用すべきかが見えてくる。成否を握るのは、アセットアロケーション（投資の資産配分）なので、資金を投じる前に熟考したい」と話すのは、顧客の資産形成をサポートするクレア・ライフ・パートナーズ代表の工藤将太郎氏だ。

極端な話、3年後に30万円が必要だとしたら、家計簿をつけて毎月1万円のコストを削減すれば済む話で、リスク商品に手を出す必要はない。3年後に必要な子どもの教育費は株式投資でつくるのではなく、元本確保型の金融商品を選ぶべきだ。しかし、15年後の教育費なら、国内株投資などで時間をかけて運用しても構わない。

「目的を定めないと、運用する期間と期待するリターン、許容できるリスクはわからない。それを明確にしてこそ、『守る資産』、『守りながら殖やす資産』といった方向性

が見え、金融商品選びにつながる」（工藤氏）

山崎氏もリスク許容度の決定は節約に次いで行う、資産運用のセカンドステップだと説く。

「すでにある資産はそのまま使わず、ゼロベースで少額の投資を始めると、手元にキャッシュポジションは多く残り、資産全体における投資の割合が低くなる。全体としての増減を意識すると値下がり時にも心理的に耐えやすい。一方、全資産をいきなり投資に回すと、ちょっとした下落でもこらえきれない。自分自身が、どのくらい値下がりを許容できるかを決め、資産に対する投資の割合を定めることだ」（山崎氏）

資産１０００万円のうち１０％（１０万円）を投資に使う場合と、すべてを投じる場合、購入後に価格が３０％下がると、前者は３万円の含み損だが後者は３０万円。その差は１０倍だ。資産と投資・リスクの割合をシミュレーションし、自分なりの着地点を決めたい。

ここまでの段取りが終われば、次は商品選びのステップだ。ただし、代表的なものでも種類は多岐にわたり、不動産投資やＦＸ（外国為替証拠金取引）、近年話題の仮想通貨なども加えると、相当な数に上る。どうやって絞り込めばよいだろうか。まずは、代表的な金融商品や投資対象を整理しよう。

【預貯金】 金融機関にお金を預ける。普通預金や定期預金など
（メリット）普通預金は入出金が自由。ペイオフの対象なので1000万円までの元本とその利息が保護される。
（デメリット）現状は低金利なのでほとんど殖えない。

【外貨預金】 米ドルなど外国の通貨で預金
（メリット）日本円に比べて比較的金利で、高為替レート次第では為替差益が期待できる。
（デメリット）為替手数料がかかり為替レート次第では為替差損が生じる。預金保護制度の対象外。

【株式】上場企業の株式を売買して利益を狙う
（メリット）選択肢が多く、配当や株主優待がある銘柄もある。
（デメリット）値下がりリスクや投資先の倒産リスクがある。

【投資信託】投資家から集めた資金をファンドマネジャーが運用
（メリット）選択肢が豊富で少額から始められる。1つの商品で分散投資が可能。
（デメリット）元本保証がなく信託報酬などのコストがかかる。

【ETF（上場投資信託）】Exchange Traded Fund。の略。株式と同じように売買ができる投資信託
（メリット）取引時間中は売買可能。投資信託より高額だが低コストで分散投資できる。
（デメリット）銘柄数が限定的。自動積み立てできないケースがある。

【REIT（不動産投資信託）】Real Estate Investment Trustの略。投資家から集めた資金で不動産を購入し、賃料収入や売買益を投資家に分配する。

（メリット）実物不動産に比べると少額から不動産投資ができる。安定的な分配金が狙える。

（デメリット）株式と同じように取引されるため価格変動リスクが生じる。

【債権】国債など、国や自治体が発行する債券に投資をする。

（メリット）株式に比べて低リスクで償還期間と利率がわかっているので利益の計算がしやすい。

（デメリット）株式に比べると低リターン。安全性は高いが信用リスクが伴う。

投資信託と個別株で

「ビジネスパーソンなら基本的に投資信託を検討したい」と山崎氏。言うまでもなく、投資信託とは、投資家から集めた資金をファンドマネジャーが運用する金融商品。基準価額の変動による運用益（売却益）や運用収益を投資家に支払う分配金が利益となる。日経平均株価やNYダウといった株価指数や債券指数など、基準とする指標（ベンチマーク）に投資信託の基準価額が連動する運用を目指す「インデックスファンド」と、運用会社やファンドマネジャーが独自の目線や投資判断に基づき、ベンチマーク以上の収益を目指す「アクティブファンド」に大別される。

両者を比べると、信託報酬などのコストは前者のほうが低い。アクティブファンドは当たれば大きいが、読みが外れるとさんざんなパフォーマンスになることも……。インデックスファンドに比べると、ハイリスク・ハイリターンだ。

運用テーマへの共感や事情に精通しているなど確固たる理由があればよいが、低コストで取引でき、理解しやすいベンチマークを採用しているインデックスファンドのほうが初心者向けだ。

日経平均株価など主要な株価指数に連動する商品なら、それを買うだけで、複数の銘柄にバランスよく分散投資をすることにもなる。東京証券取引所1部銘柄を買うなら、数万～100万円超の資金が必要だが、投資信託の多くは1万円前後で買うことができ、証券会社によっては毎月数百円から可能な積み立て投資も提供している。

「細かいメンテナンスの必要がなくかつ低コストでたくさんの銘柄に投資できるのは、投資信託の魅力。1つの商品で国内外の株式や債券に分散投資するバランス型ファンドを持っておくだけでも投資の一歩目としては十分だ」（山崎氏）

「投資のプロでも将来を読めるとは限らないと考えると、信託報酬など継続的にかかるコストが安いインデックスファンドは、運用対象の有力候補だ。その中から、純資産総額が多いなど安定運用が期待できる商品を絞り込むこと」とアドバイスするのは、ファイナンシャルプランナーの風呂内亜矢氏だ。

「手間をかけたくないなら、バランス型ファンドを選ぶことになる。少しリスクを取ってもリターンを狙いたい、裁量を生かしたいと考えるなら、日本株式と海外先進国株式のインデックスファンドを、50対50など自分なりの配分で持てばよい」（風呂内氏）

こうした持ち方だと、仮に日本と米国の場合、米国が好調なら一部を売却して利益を確定するなど、能動的な取引が可能になるという。「経験に応じて、自分なりに日本や先進国、新興国、株式、債券のバランスをハンドリングする方法もある。投資信託であっても、リスクとリターンをコントロールできる」(風呂内氏)。

個別株の運用も検討する価値がある。「投資信託は、『この会社に投資している』と想像しにくいが、個別株だと商品やサービスなどを確かめたうえで、思い入れを持って投資ができる。運用益だけではなく、配当や優待の魅力もある。ただし、まとまった金額で個別の銘柄に投資するので、投資信託に比べるとリスクが高くなることは理解しておく」(風呂内氏)。

保有銘柄数も、2桁を超えてくるとその管理は大変だ。最初は1~2銘柄で始め、せいぜい10銘柄以内にとどめるなど、無理のない範囲で行いたい。「気になる銘柄はウォッチリストに入れて、決算月はどういった値動きをするのかなど半年から1年かけて観察してから買えばよい。衝動的にならないこと」(風呂内氏)。

自分自身も資産の一部と考えると、勤務先と異なる業界の銘柄を選び、リスクヘッジする手もある。「勤め先と同業界の銘柄では景気が悪くなると給与と株価ダウンのダブルパンチになりかねない。異業種を保有することでリスクヘッジになる」(風呂内氏)。

■ライフステージ・ライフプランに落とし込む

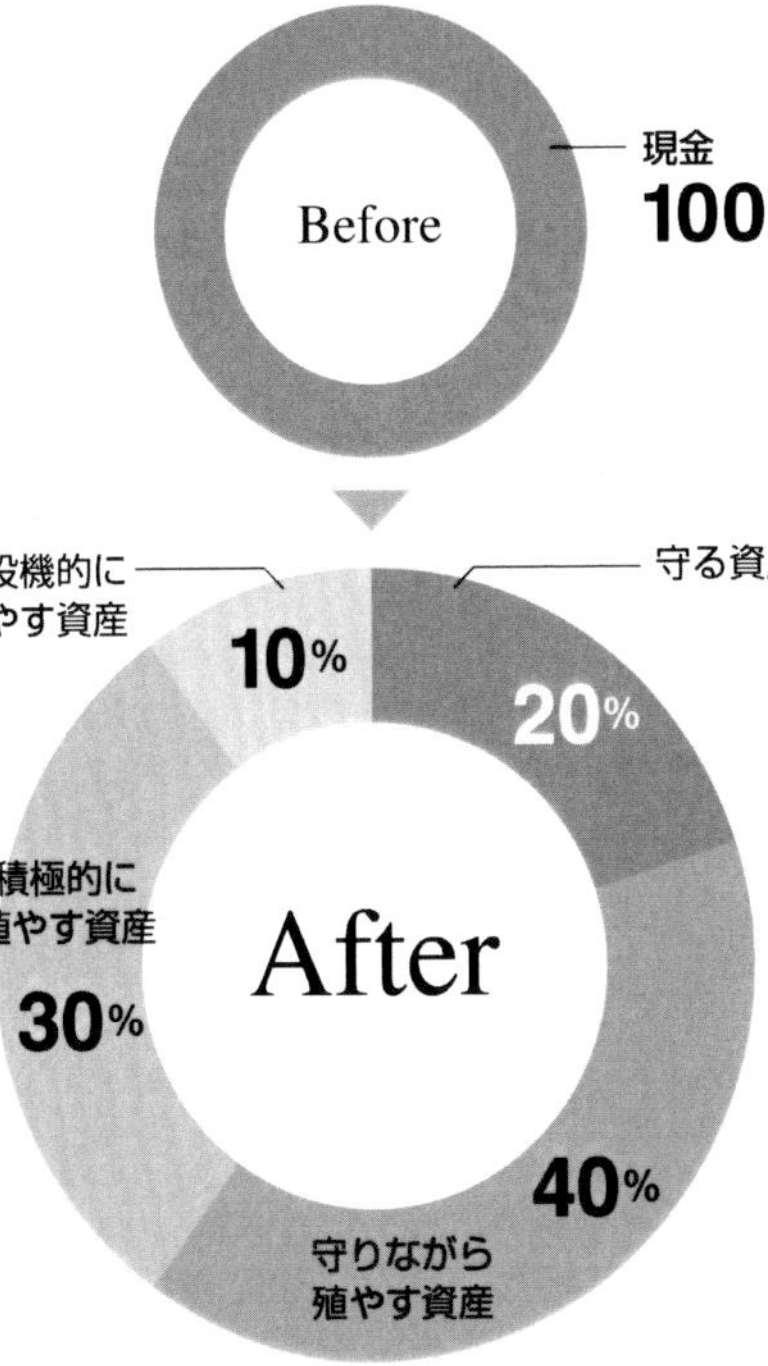

期間や期待するリターン、許容リスクから
運用対象や運用割合を絞り込む

(出所)クレア・ライフ・パートナーズ

運用後は放置しすぎない

工藤氏は「株式など金融資産だけではなく、実物資産もバランスよく選びたい」と話す。

「成長しそうな企業を見定め、キャピタルゲインとインカムゲインを期待できるのは、株式投資の醍醐味。日本株だけではなく、米国など外国株にもアクセスしやすくなった。投信積み立てもメジャーな資産運用の手段だ。加えて、不動産をはじめとする実物資産への投資も知られるようになった」

マンション1室を保有する区分投資、1棟マンション・アパートを買う1棟投資があるが、賃貸需要のあるエリアの物件を買い、入居者がいれば、安定的な家賃収入が期待できる。現金がなくても、会社員なら金融機関から融資を受けやすい。「景気で株価は上下するが、家賃収入はそれほど変動しない。時間をかけて融資を返済しながら取り組める」（工藤氏）。

実物の不動産はハードルが高いというなら、「ＲＥＩＴ（不動産投資信託）」もある。

投資家から集めた資金で不動産への投資を行い、賃料収入や不動産の売買益を原資として投資家に配当する商品で、株式市場で売買できるので流動性も高いのが特長だ。

投資信託や株式なら、口座や金融機関選びも重要だ。「投信積み立てなら、税制優遇を受けられるｉＤｅＣｏ（個人型確定拠出年金）やＮＩＳＡ（少額投資非課税制度）・つみたてＮＩＳＡの利用は必須。運用益だけではなく、掛け金も所得控除の対象になるｉＤｅＣｏを優先したい」（山崎氏）。

ただ私的年金のｉＤｅＣｏは、掛け金を６０歳まで引き出せないのがネック。もしもの際の現金が気になるなら、必要なときはすぐ換金できるＮＩＳＡを選ぶべきだ。「つみたてＮＩＳＡの対象は金融庁が定めた一定の要件を満たす投資信託とＥＴＦ（上場投資信託）。その数は約２００本（２０２０年１１月下旬時点）と絞られ、選びやすい」（風呂内氏）

非課税口座や課税口座（証券総合口座）は証券会社に開設するが、投資信託のラインナップは異なり、株式を含め手数料も違う。比較検討が重要で、運用を始めたら、ほったらかしはダメ。「短期的な値下がりに焦らず、自分のリスク許容度を意識して、キャッシュと投資資金の割合、運用商品を調整したり、手数料の安い商品への乗り換えを検討するとよい」(山崎氏)。

何より大事なのは時間をかけて運用すること。そのほうが、価格変動のリスクを抑えやすい。30代なら腰を据えて始められる。

資産運用のポイント

① 資産運用の目的をハッキリさせる
② 長期で取り組む
③ 目的に応じて金融商品・投資対象を組み合わせる
④ 短期的な値動きに一喜一憂しない
⑤ ライフステージの変化に応じてプランを見直す

(ライター・大正谷成晴)

30代なら必ず始めよう! つみたてNISAの注目点

資産運用を始めたいとは思うものの躊躇してしまう理由の1つに、「値動き(価格変動)が怖い」ことがあるのではないか。もしそうなら、「つみたてNISA」を利用するのも一法だ。

「つみたてNISA」は、積み立て投資専用の「少額投資非課税制度(NISA)」のこと。専用の口座にて毎年一定金額の範囲内で購入した金融商品から得られる値上がり益や配当・分配金にかかる税金(年率20・315%の源泉徴収課税)が非課税になるため、効率的な運用が期待できる税制優遇措置だ。NISAには、毎年120万円の非課税枠が設定され、上場株式や公募株式投資信託から得られる運用益や配当・分配金が非課税になる「一般NISA」と、少額からの長期・積み立て・分散投資に適した「つみたてNISA」がある。30代など若い層が利用すべきなのは後者だ。

■ 一般NISAとつみたてNISAの違い

	NISA（一般NISA）	つみたてNISA
非課税期間	5年間 ➡2024年から新制度に変更	最長20年間
非課税投資枠	新規投資額 年間120万円（2024年からは1階部分20万円、2階部分102万円に）	新規積立額 年間40万円
新規投資可能期間	2028年まで （現行制度での新規投資は23年まで）	2042年まで
投資対象	上場株式、公募株式投資信託	長期の積み立て・分散投資に適した一定の公募株式投資信託、ETF
非課税対象	配当金や分配金、売買益	配当金や分配金、売買益

（注）2020年11月17日現在　（出所）金融庁、日本証券業協会の資料を基に筆者作成

「つみたてＮＩＳＡ」では、毎年の非課税枠（上限額）が４０万円と、「一般ＮＩＳＡ」に比べて小さいものの、非課税期間が最長２０年間ある。新規に投資できる期間が２０４２年までであるため、２０２１年1月に始めたとすると、最大で８４０万円（４０万円×２１年）の投資元本を積み上げられる。

月々の積立額は約3万３０００円になるが、目いっぱい積み立てる必要もない。下限（最低投資金額）は金融機関によって決められているが、多くの金融機関では月１０００円から始められる。無理のない金額で始めて、「これなら続けられそうだ」と思えたなら、積立額を増やすことも可能だ。

加えて、「つみたてＮＩＳＡ」では、「長期の積み立て投資、分散投資」に適し、一定の基準をクリアした公募株式投資信託とＥＴＦ（上場投資信託）に対象商品が限られている。一定の基準をクリアしているからといって、その金融商品の値上がりが保証されているわけではない。だが、長期投資に向かない商品や、値動きが大きな複雑な商品は除外されている。長期の資産形成に適した商品から選べるので、投資の経験がない人でも商品を選びやすい。

なお、「つみたてＮＩＳＡ」も「一般ＮＩＳＡ」も、保有する商品をいつでも解約（売却）できる。ただし、売却後に非課税枠を再利用することは不可だ。ＮＩＳＡ口座と課税口座（特定口座や一般口座）との損益通算もできない。また、ＮＩＳＡ口座は１人１口座しか開設できないため、「つみたてＮＩＳＡ」か「一般ＮＩＳＡ」のどちらかを選ぶ必要がある。繰り返しになるが、資産運用の経験がない３０代が選ぶのなら、「つみたてＮＩＳＡ」に軍配が上がる。

投資信託や株式などの「殖やす（ことを期待する）」運用には、投資する商品の価格が変動する「価格変動リスク」や、債券の金利が変動することで債券市場での取引価格が変動する「金利変動リスク」、外貨建ての株式や債券に投資する場合に円換算した際の価値が為替相場によって変動する「為替変動リスク」がつきものだ。ちなみに「リスク」とは、危険や損失ではなく、値動きの可能性を指す。

リスクを軽減する方法

「殖やす」運用をするうえでは、「リスク」を避けることはできない。だが、「リスク」を軽減する方法はある。それが「分散投資」「積み立て投資」「長期投資」だ。

「分散投資」には、「資産や銘柄の分散」や「地域（通貨）の分散」、「時間（時期）の分散」がある。このうち「資産や銘柄の分散」と「地域の分散」は、国内外の株式や債券に分散投資する投資信託を買うことで可能になる。

「時間の分散」は、積み立て投資で実現できる。次の図表は、毎月1万円ずつ、ある投資信託を購入し続けた（＝積み立て投資をした）場合に、グラフのような値動きをしたと仮定したものだ。

時間分散(積み立て投資)の効果

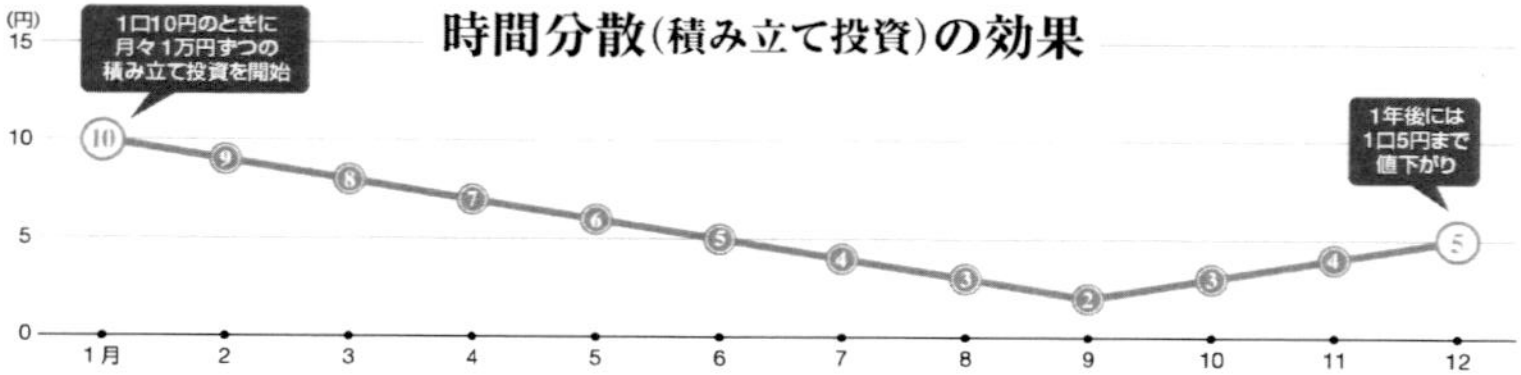

	1月	2月	3月	4月	5月	6月	7月	8月	9月	10月	11月	12月	合計
購入価格(円)	10,000	10,000	10,000	10,000	10,000	10,000	10,000	10,000	10,000	10,000	10,000	10,000	120,000
1口当たりの価格(円)	10	9	8	7	6	5	4	3	2	3	4	5	
購入口数(口)	1,000	1,111	1,250	1,429	1,667	2,000	2,500	3,333	5,000	3,333	2,500	2,000	27,123

(出所)金融庁ウェブサイト「投資の基本」を基に筆者作成

毎月1万円ずつ12カ月積み立て投資をした場合

12月時点の評価額　5円×27,123口＝135,615円

(評価額)135,615円－(投資額)120,000円＝15,615円

積み立て投資では1万5615円のプラスに!

1月に1口10円で12万円を一括投資した場合

12月時点の評価額　5円×12,000口＝60,000円

(評価額)60,000円－(投資額)120,000円＝▲60,000円

一括投資では6万円のマイナスに

積み立て投資は一括投資よりもリスクの軽減を図ることができる

▼

時間を味方につけられる
(＝長期投資ができる)
30代には「**つみたてNISA**」が
適している!

(注)▲はマイナス

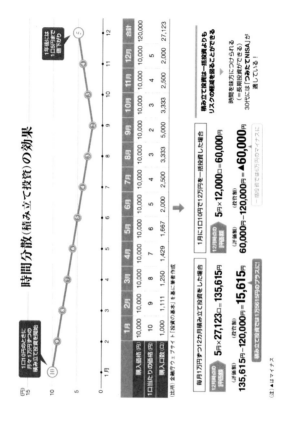

投資信託の価格（基準価額）が1口10円である1月には、1万円で1000口購入できる計算になる。6月に1口5円になったときには2000口購入でき、9月に1口2円になったときには5000口購入できる。1年経った時点では、投資総額は12万円、投資信託の総口数は2万7123口になっている。

12月時点での1口の価格は5円なので、投資信託の評価額は13万5615円。1口当たりの価格は10円から5円に下がったにもかかわらず、1万5615円もの利益が出ている。これは、価格が高いときには口数を少なく、価格が安いときには口数を多く買うことができ、投資信託1口当たりの価格が平準化されたためだ。

これに対し、1月に1口10円で12万円分を一括購入した場合には、12月時点で1口の価格が5円に下がっていると、6万円の損失が出ることになってしまう。ここからもわかるように、リスクを軽減するには「積み立て投資」が有効だといえる。その代表格が、投資信託を積み立てる「投信積み立て」であり、「つみたてNISA」だ。

「殖やす」運用では、「長期投資」も大切になる。運用を長期間続けると、運用期間中の利子や分配金を元本に上乗せする（再投資する）ことができ、利息が利息を生んで膨らむ「複利効果」が期待できるからだ。長期運用が前提であるならば、目先の価格変動に一喜一憂しないで済む。時間を味方にできる30代は、非課税メリットを享受しながらコツコツ運用を続けたい。

（ライター・大山弘子）

INTERVIEW

「失敗しても大きな価値に」

藤川里絵

新たに投資を始める人が増えている。一般のビジネスパーソンが、仕事と投資を両立させるためのコツを、「ファイナンシャルアカデミー」人気講師の藤川里絵さんに聞いた。

――2020年春の世界的株安をきっかけに、さらに多くの人が株式投資用の口座を開きました。

賢明な判断だと思います。投資はとにかく早く始めるべきだ。大相場に初動から乗るには「株式投資を始めている」必要があるのです。

今、投資に関する講座には20代、30代がものすごく増えています。女性比率も高く、男女が半々くらい。少し前は、仕事を引退して時間とお金に余裕のある男性が多かったのですが、2割くらいに減りました。若い人たちは危機感を持っています。だから現役で働いている人たちが、仕事の後にわざわざやってくる。

――仕事をしながらの投資は、本業に差し支えないかが心配です。

そういう方は多いですね。気持ちの面で相場の影響を受けてしまったり、株の値動きが気になって仕事が手につかなくなったり。

人それぞれですが、例えば日中は見ないと決めてしまうのも手だと思うんですよ。働きながら投資をする人が、一日に何度も売買する必要はない。週末だけ、仕事が終わった夜だけ、朝だけでもいい。

好奇心が投資のヒント

――毎日、忙しい。そんな中で、投資対象を選ぶには？

つねに好奇心のアンテナを立てておくこと。私が実際に利益を出せた投資銘柄では、ジンズホールディングスをよく覚えています。

ＰＣ眼鏡が発売された頃、お店に行ってみたら、お客さんが大勢入っていたし、感じがよかった。それで投資したところ、２倍近くになりました。眼鏡を買って終わりならお金は出ていくだけ。でも、同時に株を買ったら眼鏡代どころではなくお金が殖えた。

街で行列を見かけた、みんなが同じようなバッグを持っているのに気づいた、電車で隣に座る人がスマホにかじりついていた。何だろうと関心を持てば、すべてが投資のヒントになります。そして、好きなもの。ゲームが大好きなら、きっと人より詳しいはず。誰にでも、自分の得意分野があるのではないでしょうか。

――失敗して大損することを思うと、二の足を踏んでしまいます。

大切なのは自分の中でルールを決めておくことです。例えば手放すときも、これより下がったら売るという「逆指し値」の仕組みを使えば、リスクを限定できます。

それに、失敗しても、マイナスばかりではありません。株価って、経済や世の中の動きに左右される部分が大きい。だから個別株の売買をすると意識がそちらに向き、にわかに経済ニュースを見るようになったりして。その経験はビジネスパーソンとしての自分の価値を高めてくれるのです。

――投資に関しては家族の理解も必要だと思います。

投資にネガティブなイメージを持つ人もいますよね。これは、投資に対して前向きな人が時間をかけて説得していくしかありません。いきなり個別株は難しければ、月3000円でもつみたてNISAを始める。コツコツ続けて、1年後に「こうなったよ」と成果を見せてあげるところから始まります。

（聞き手・山本舞衣）

藤川里絵（ふじかわ・りえ）
2010年に株式投資を始め、5年で自己資金を10倍に増やす。「ファイナンシャルアカデミー」で多数の講座を担当している。

SNSとテレビをフル活用

お金を呼び込む情報収集術

経済評論家・加谷珪一

投資において情報がカギを握ることは論をまたない。正しい情報に基づいて判断しなければ投資がうまくいかないのは当たり前のことだが、情報を正しく見極めるのは意外と難しい。世の中には、特別な情報源を持っていないと投資で成功できないと思っている人も多いが、それは根拠のない想像である。卓越した成果を出しているプロの投資家も、弱小の個人投資家も、最大にして有益な情報源は一般的な公開情報である。

筆者は本業の傍ら、20年以上にわたって個人投資家として株式投資を続けてきた。幸いにして、今では億円単位の資産額となっているが、特別な情報を使って投資をしたことは一度もない。近年はインターネットが普及しており、プロと個人との間の情報格差は限りなく縮小している。ファンダメンタルズをベースにした長期投資に限定すれば、機関投資家と個人投資家との間の情報格差は発生しないと思ってよいだろう。

では、公開情報の中から正しい情報を選択するには何が大事だろうか。読者の皆さんは具体的な方法論を期待したかもしれないが、現実は異なる。最も重要なのは自身の感情を制御することである。

人は、そうあってほしいという「願望」や、かくあるべきだという「べき論」と事実（ファクト）を無意識的に混同してしまう。そして、この無意識的な混同が、情報の取捨選択において致命的な影響を及ぼすことになる。最もわかりやすいのは「トランプ相場」だろう。

トランプ氏が大統領に選出された2016年、多くの論者が「こんな人が大統領になったら、世界経済は大混乱に陥る」とみていた。だがトランプ氏が主張している経済政策について事実だけを列挙すれば、中国との貿易に制限をかける、大規模な減税を実施する、インフラへの投資を強化するという3種類しかない。米中貿易戦争になれば中国は困るだろうが、米国は基本的に内需経済の国なので、一部の企業を除けば貿易戦争の影響はそれほど大きくない。しかも貿易戦争の悪影響が顕在化するまでには1年近くのタイムラグが生じる。

トランプ氏が大統領に就任した時点で、米国はかなりの好景気だったので、ここで大規模な減税とインフラ投資を行うというのは、元気な人にさらにエナジードリンクを飲ませるようなものである。その政策が長期的にみて正しいのかはともかく、トランプ政権の誕生によって米国の景気が過熱し、少なくとも短期的に株価が上昇するのは経済学上、自明の理といってよい。筆者は個人的にはトランプ氏が好きではないし、トランプ氏の政策はまったく評価していなかったが、トランプ氏の当選と同時に米国株の比率を上げ、大きな利益を得た。

ファクトの切り出し方

今回の大統領選挙はその逆で、バイデン氏が当選すれば経済が低迷し、日本にとっても悪影響が大きいという、意味不明の議論が横行しており、メディアにもそうした論調の記事があふれている。

だがバイデン氏が主張している政策は、大規模な雇用創出や製造業支援、環境投資、オバマケアの拡充など、大型の財政出動ばかりである。一連の政策が実現すれば、中間層や低所得層の所得が増加し、消費が増えるのはほぼ確実といってよい。財政悪化懸念から金利が上昇する可能性は否定できないが、トランプ氏の就任当時と同じく、経済にカンフル剤を注入するという話なので、景気に悪影響を及ぼす可能性は低いと考えるのが自然だ。

ここで重要なのは、両候補が経済政策として何を掲げていたのかというファクトであって、人物像や政治思想ではない。だが多くの人は（メディアの記者も含めて）トランプ氏（あるいはバイデン氏）が好き、嫌いといった感情や情緒を持ち込み、ファクトを見誤ってしまう。これ以外にもメディアの記事には「日本の技術は世界一」「中国は必ず崩壊する」「電気自動車は普及しない」といった願望とファクトを混同した情報が多く、これらを基に投資判断を行えばほぼ確実に失敗する。

では、感情に汚染された公開情報の中で、ファクトだけを切り出すにはどうすればよいだろうか。30代の場合には、ネットが情報収集の中心になっていると考えられるので、ネット特有のバイアスを回避することが重要となる。

とくに日本の場合、SNSで情報を発信する人の割合が他国に比べて低いという特徴があり、SNSで飛び交っている情報はごく一部の人の主張にすぎない。しかも、ほとんどが独自情報ではなく既存情報のコピーとなっており、こうした投稿にはほとんど価値はないと思ってよい。SNS上で何か気になる情報を目にしたときには、その基になっている記事を必ず参照し、その記事が発表に基づくものであれば、必ず発表元のサイトにアクセスする癖をつけるとよいだろう。発表元のサイトに行くと話が全然違ったというのは日常的によくある話だ。

50代以上の人は、逆にテレビを活用したほうがよいと筆者は考えている。テレビというのは、まさに大衆向けに作られたコンテンツであり、情緒にあふれた存在だが、実はファクトの宝庫でもある。近年、多くのワイドショーや報道番組がパネルを使って時事問題を解説するスタイルに移行している。パネルはとてもわかりやすく、頭にスッと入ってくるよう意図的に作られているので、多くの視聴者はまったく意識しないだろうが、これを製作するに当たっては相当な人的リソースが投入されている。

とくに注目すべきなのは、パネルには過去の経緯や数字がしっかりと記載されていることである。先日、ホームセンター大手の島忠をめぐるＤＣＭとニトリの買収合戦が話題となったが、ある番組のパネルには、各社の取り組みや店舗数など重要なファクトがしっかりまとめられていた。この情報をネットで収集しようと思ったら、実は相当な労力を必要とする。

覆面ブロガーのちきりん氏は、情報収集と分析のため、テレビ番組を大量にレコーダーに録画し、内容をチェックしているという。ネット空間で活躍するブロガーがテレビを使って情報を収集するというのはある種の矛盾だが、これがすべてを物語っている。

各世代共通の課題としては「数字」に強くなることだろう。言葉は時にウソをつくが、数字はウソをつかない。世の中では「急成長している」といった表現がよく使われるが、これではどの程度の成長なのかわからない。さらにいえば、２０％成長といわれても、1億円企業の20％なのか、1兆円企業の20％なのかでは数字の絶対値がまるで違う。言葉ではなく数字で理解し、率だけでなくその絶対値についても把握する癖をつけるだけで、情報リテラシーは飛躍的に高まるはずだ。

加谷珪一（かや・けいいち）
東北大学卒業後、日経BPに入社。野村証券系の投資ファンド運用会社に転じ、企業評価などに従事。その後、コンサルティング会社設立。『お金は「歴史」で儲けなさい』など著書多数。

お金と投資の裏側がわかる行動経済学入門

パパラカ研究所　社長・山根承子

「お金を管理する」ことは大事だとよくいわれる。最近ではお金を管理するコツをうたうWebページや、お金管理アプリも数多く存在している。この「お金の管理」には、日々の消費はもちろん、貯蓄計画やローン、投資なども含まれているだろう。これらのことをするとき、私たちは「将来」のことをかなり冷静に、きちんと考えようとするのではないだろうか。

経済学はお金儲けのための学問と誤解されがちだが、実は残りの人生を最も幸福に生きる方法を考える学問だ。貯蓄や投資は、見方を変えれば「いつ消費するか」という問題として捉えることができる。現在と将来の状況を比較して、いつどれだけ消費するのが自分にとっていちばん幸せかを考える。経済学ではこれを**異時点間の選択**という。

例えば今日の小遣いを投資に回せば、今日は外食や趣味の買い物を何も行うことができない。すべてのお金を投資に回して飢え死にしてしまっては元も子もないが、数日後に金額が10倍になって戻ってくるとしたら、1日ぐらいは食事を我慢するかもしれない。数日後により多くの物を購入し、消費するほうが幸せだからだ。異時点間の選択では、すぐに消費したときのうれしさと、我慢するつらさと、将来の消費によるうれしさをすべて考慮して、トータルで得られる幸福度がいちばん大きくなるような行動を選ぶ必要がある。

したがって、ある人がどのような行動を取るかを予想するためには、「我慢するのがどれくらい苦痛か」を考慮しなければならない。例えば「今日の消費を我慢する」ことにとてつもない精神的苦痛を感じる人は、数日後に返ってくる金額が10倍でも100倍でも投資は行わないだろう。その人にとって入手までに時間がかかる（待たされる）報酬の魅力は、我慢の苦痛によって割り引かれてしまう。

その結果、できるだけ報酬が魅力的なうちに、待つ我慢をしないで済む間に報酬を手に入れたいと思う。この「待つ苦痛」の大きさは**時間割引率**と呼ばれ、かなり個人差がある。

異時点間の選択を左右するのは、時間割引の大きさだけではない。1年後の今月と来月の間のお金のやり繰りを考えることは、今月と来月のやり繰りを考えることと同じようにできるだろうか。「来年の4月からは毎月10万円預金をしよう」と決めて、銀行でそのような契約をする。しかし実際に4月になったとき、そんなに預金したくない（今消費したい）と思い、「なぜ過去の自分はこんな契約をしたんだ」と後悔する。

過去の自分が行ったベストな選択が、今の自分にはベストな選択になっていない。これを**時間非整合的**であるという。時間非整合の原因は、直近にもらえる報酬を重視しすぎる（近視眼的である）ことにある。近視眼的な人たちは双曲型の時間割引率を持つ（双曲割引である）と表現される。

一方、時間非整合的ではなく、いつでも一貫した選択をする人は、**指数割引**と呼ばれる（時間割引を数学的に記述した際の関数形からこう呼ばれる）。「預金するつもりだったのにできなかった」というよくある出来事は、双曲割引によって大部分説明することが可能だ。

この双曲割引を自覚しているかどうかも重要な違いである。自身が双曲割引であり、目先の利益に目がくらみがちであることを知っている人をソフィスティケーテッド、自覚のない人をナイーフと呼ぶ。自覚のある人は、自身の「ベストなもの」が時とともに変わってしまうことを知っている。したがって、先に何らかの手段を講じておくことで、自分の近視眼的な行動を防げる。

今月から預金するのがよいだろうと思っていたのに、いざ給料日になると全部使いたくなる。この衝動を防ぐためにあらかじめ自動積み立ての手続きをしておくとか、家族やSNSに預金額を宣言しておくなどの工夫が考えられる。ナイーフな人は自覚がなく、こうした行動を取らない。

投資については異時点間の選択以外にも重要な要因がある。それは不確実な状況であるということだ。不確実な状況において人がどのような意思決定をするかということも経済学の重要なテーマであり、多くの研究がある。人は一般的に、リスクを伴う大きな利益より、小さくとも確実に得られる利益を好む。つまり宝くじのような「外れる確率が高いが、高額当せんの可能性がある」状況よりも「少額だが確実にもらえる」状況を好む。しかし、確実なものにいつもひかれるのかというとそうではなく、損をするかもしれない場面では不確実性が好まれる。「確実に小さな損をすること」より「(大きな損をする可能性があったとしても)もしかしたら、損をしないかもしれない可能性が残されていること」を好ましく思う。

さらに、得をするか損をするかが不確実な状況において、私たちは損のほうを大きく見積もってしまう性質を持っている。1万円を失う悲しさと1万円を入手したときのうれしさは釣り合わず、損失のインパクトは利得の約2倍だったという実験結果もある。これにより、私たちは損失を避けるような行動を取ってしまう。これを**損失回避**という。損失回避は、先に説明した確実な利益と不確実な損を好むことと併せて、2002年にノーベル経済学賞を受賞したカーネマンたちの提唱した「プロスペクト理論」の重要な要素である。

損失回避が働くと、私たちは「損をするかもしれない」状況に踏み込めなくなる。つまり、現状を変化させることができなくなる。これを**現状維持バイアス**と呼んでいる。周囲に勧められても転職に踏み切れなかったり、引っ越しができなかったり、貯蓄プランを新しいものに変更できなかったり、投資を始めることができなかったり。それらはすべて、新しい状況の悪い部分（損失）が大きく見えてしまうせいだ。

損失回避が先に紹介した「近視眼的」という特徴と結び付くと、私たちがリスクを嫌うことをさらによく説明できる。近視眼的な人は長期間の将来を考えることができないため、頻繁に情報を確認する必要がある。例えば株価を数時間置きに確認する。これにより当然、損失を確認する機会も増える。損失回避が働くので、近視眼的な人はより安全な選択にひかれてしまう。ベナルチとセイラーは、これを「**近視眼的損失回避**」と呼んで投資家が安全資産に魅力を感じることを説明している。家計においても、近視眼的損失回避は起こっているだろう。

意思決定に関し私たちにはさまざまな癖が備わっており、それらは行動を無意識に左右している。自分の意思決定がどのようなバイアスを持つのかを知ることは、最適な選択をするための第一歩だ。

【ポイント】

① あらかじめ工夫しておいて近視眼的な行動を防ぐ

② 不確実な状況では損失回避的に動いてしまう

③ 自分の意思決定を左右するバイアスを知る

山根承子（やまね・しょうこ）

博士（経済学）。専門は行動経済学。大阪大学経済学研究科博士後期課程単位取得満期退学。近畿大学経済学部准教授を経て独立。著書に『今日から使える行動経済学』（共著）など。

いたずらに怖がらず余裕資金は株式投資へ

久留米大学教授・塚崎公義

老後資金に不安を感じている人は多い。「老後資金は1億円必要だ」と言われれば不安になるのも当然だが、普通の人は何とかなるので過度な懸念は不要だ。今の高齢者の多くは現役時代に1億円も持っていなかったけれども何とかなっている。将来の高齢者の多くもそうなるだろう。

年金だけでは老後の資金が2000万円足りない、という金融庁の報告書が2019年に話題となったが、これは誤解である。「人々は年金に加えて2000万円を老後資金に使っている」が正しい。

その違いは、「必要」なのか「最低必要金額に加えてささやかなぜいたくを楽しんでいる」のかである。「平均的な高齢者」は「年金だけで暮らせるけれども、老後資金が2000万円あるので、それを使ってささやかなぜいたくを楽しんでいる」というわけだ。

標準的なサラリーマン（公務員、サラリーウーマンなどを含む、以下同様）は、専業主婦（夫）との2人の合計で毎月22万円程度の公的年金が受け取れる。ぜいたくをしなければ、老後の生活は年金だけで何とかなるのである。

もっとも、「だから老後資金を貯める必要はない」などと言うつもりはない。少子高齢化によって年金支給額が少しずつ減っていくかもしれないし、不慮の事故などで多額の支出が必要になるかもしれない。何より老後にはささやかなぜいたくを楽しみたいだろう。

金額のメドとして、年金が受け取れる65歳の時点で2000万円という数字は悪くない。65歳から90歳まで毎月5万円だけぜいたくをすると1500万円かかる。残り500万円は万が一に備えた資金として持ち、何事もなければ相続されて葬儀代となればよい。

もっとも、50歳代のサラリーマンにそれだけ貯蓄が必要だ、ということではない。退職金や企業年金などを含めた金額であるし、不謹慎ながら遺産が相続できる場合も多い。日本の高齢者の多くは長生きに備えて老後資金を貯めているが、使い切る前に他界する人が多いからである。

予想される退職金額や遺産額等々にもよるが、退職前日に金融資産残高が住宅ローン残高を上回っていること、年金受給開始までは退職金に手をつけずに働いて生活費を稼ぐこと、といったあたりをメドと考えればよいだろう。

自営業者については、退職金がないうえに年金はサラリーマンに見劣りするが、定年がないので健康な間は働くことができるのだから、仕事を辞めてから他界するまでの期間（老後資金を考える際の本当の老後）を短くすればよい。

■ 老後資金のイメージ（標準的なサラリーマン）

老後資金の目安 退職直前	老後資金の目安 年金受給開始時
金融資産が負債を上回る	**2000万円**
退職後の変動要素	年金生活の主なイメージ
・退職金、企業年金の入金 ・遺産の相続（時期未定） ・生活費は働いて稼ぐ	・年金で最低限の生活 ・毎月5万円で「ぜいたく」 ・葬儀代500万円を残す

欲張らずリスク分散を

元気な間は働いて稼ぐ、というのはサラリーマンにも当てはまる。日本人の平均寿命が延びているので、「定年後」が長くなっているが、健康寿命も延びているので、元気な間は働くことにすれば、「老後」は延びないからである。

筆者は波平氏（「サザエさん」の登場人物）より元気な高齢者は働くべきだと考えている。彼が54歳という設定であることを考えると、当時の定年である55歳というのは、「高齢で活躍できないからお引き取りいただく」という年齢だったのであろう。今は、波平氏より元気な高齢者が大勢いるので、そういう人は働けばよい。

働いて稼ぐのは投資と異なりリスクはないし、社会とのつながりも保てて老化防止にも役立つ。

幸い、少子高齢化による労働力不足の時代である。新型コロナ不況が一段落すれば、不況前のような労働力不足となり、高齢者でも仕事を容易に見つけられるであろう。少子高齢化には「年金が減額される」といった困った面もあるが、高齢者が仕事を見つけられる、といったよい面もあるのだ。

年金受給が始まっても元気ならば働いて稼ぐことが望ましい。その際、受け取った年金を貯めておけば老後の蓄えが増えることになるが、年金の受給開始を66歳以降まで待つ選択肢もある。

例えば70歳まで待てば毎回の受取額が42％増えるので、夫婦2人で毎月30万円程度の年金収入となる。これなら年金支給額が多少減らされても大丈夫だし、ささやかなぜいたくも可能だろう。

老後資金が足りないから投資で稼ごう、と考える人も多いようだが、安易に考えるのは危険である。虎穴に入らずんば虎子を得ず。儲けようと欲張れば、リスクを覚悟する必要があり、ただでさえ足りない老後資金をさらに減らしてしまうかもしれないからだ。

一方で、老後資金の全額を預金（現金を含む、以下同様）で持っているのは、インフレが来たときに目減りしてしまうので、やはり危険である。インフレを考えれば預金もリスク資産なのだから。

そこで、老後資産は預金、株式、外貨に分散して持とう。株式や外貨は、値下がりリスクはあるがインフレに強いので、「最悪の事態を避ける」という分散投資の目的に合致しているのだ。

インフレになれば企業の売り上げもコストも利益も増えるから、株価にはプラスだ。企業の保有資産が値上がりすることも、やはり株価にはプラスだ。

日本がインフレになれば、海外のものが割安になるので輸入が増え、輸入代金のための外貨買いが増える。それにより外貨が値上がりしやすくなるので、外貨もインフレに強い資産なのだ。

したがって、預金に加えて内外の株式を持つことで、インフレのリスクが回避できる、というわけだ。儲けるためではなく、リスクを避けるための株式投資である。

例えば日本株の投資信託と外国株の投資信託（為替ヘッジなし）を毎月積み立てて、老後は毎月取り崩していく、という方法がよいであろう。投資信託は、多くの銘柄に少しずつ投資することになるので、銘柄分散ができるし、積み立て投資は時間分散ができる。積み立て投資ならば平均的な値段で買えて平均的な値段で売れるので、大儲けは狙えなくてもひどい目に遭うリスクは小さくなるだろう。

「投資初心者は自分で判断すると間違えるので、ルールどおりに淡々と積み立てるほうがよい」という点も筆者が積み立て投資を勧める理由である。初心者は値上がりすると焦って買い、暴落すると狼狽売りをする傾向があるので、それを避けようというわけだ。したがって、「暴落しても積み立てをやめない」ことは絶対に忘れないでほしい。

毎月一定額の投資信託を買うと、株価が安いときには多くの数量が買え、株価が高いときには少ない数量しか買えないので、取得価格は毎月の株価の平均より安くなる、というメリットもある。

投資のタイミングを悩む必要もない。「株価が下がったら買おう」と思っていつまでも買えない人がいるが、積み立て投資なら「今後何十回も買ううちの初回が割高だったとしても、被害は小さいから、タイミングに悩まず始めてみよう」と思えるはずだ。

株価が上がれば「自分の財産が増えた」と喜べるし、株価が下がれば「今月は安く買えた」と喜べるから精神衛生によい。老後資金で買う投資信託は、売るのは老後なので、毎月の株価に一喜一憂する必要はないのだ。老後の株価の心配はしてもよいが……。

50歳代は老後資金を頑張って蓄える時期であるから、今すぐ積み立て投資を始めよう。住宅ローンの繰り上げ返済を急ぐ必要はない。どうせ金利は低いのだろうから、ゆっくり退職金で返せばよい。

銀行預金の残高が少なくて金融資産が投資信託に偏っても大丈夫である。退職金が出た後の金融資産構成が適正になるように、投資信託の比率を高めておくべきだ。そうでないと、「退職金が出たから投資信託を買おう」という金融機関の誘いに乗って一気に大量の投資信託を買うことになりかねない。そのときが株安の時期ならよいが、株高のときに退職したらひどい目に遭いかねない。

積み立ての際には、iDeCoやつみたてNISAという投資優遇税制を活用するとよい。いずれも運用益が非課税になるし、iDeCoは所得税面でも所得控除が受けられる。非課税限度枠はあるが、庶民の老後資金を蓄えるためなら十分だろう。政府が「貯蓄から投資へ」「貯蓄から資産形成へ」ということで税制を優遇してくれているので、ぜひ活用しよう。

「株式投資は怖い」と思っている人は多いが、それを裏返せば「期待値がプラスの株でもリスクを嫌う人々が買わないから、簡単に手に入る」ということだ。

強欲村で拾った儲け話より臆病村で拾った儲け話のほうが有望なのと同じことで、カジノより株式市場のほうが期待値が高いのだ。配当利回りだけを考えても預金よりはるかに高いので、株価が長期的に値下がりしていくのでなければ、銘柄分散と時間分散をしっかり行うことによって預金より高い利益が得られる可能性が高い。

しかも、先のように株式はインフレに強い資産なのだから、資金配分を考える際には、いたずらに怖がるのではなく、ある程度は株式も組み入れるべきだろう。

とくに、老後資金の2000万円を超える部分の余裕資金については、国内外の株式比率を高めに持つことをお勧めしたい。老後のぜいたくを夢見て成長株を買うのもよかろう。もちろん、投資は自己責任である。

内外株式の投資信託を毎月積み立てるメリット

・銘柄分散、時間分散が可能で、インフレに強い資産を持てる
・決めたルールどおりの運用で投資初心者の「判断ミス」を防げる
・株価が安いときに多くの数量を買えるので、平均単価が下がる
・投資を始めるタイミングに悩まず、気楽に始められる
・上がっても下がっても心の平安を保てる

塚崎公義（つかさき・きみよし）
東京大学卒業後、日本興業銀行（現みずほ銀行）入行。調査関連部署に勤務した後、２００５年に退職して久留米大学へ。著書に『増補改訂 よくわかる日本経済入門』など多数。

老後資金作りは税金に注意

50代になると、家計の負担となっていた子どもの教育費が一段落する世帯は多い。親としての経済的な責任も軽くなるから生命保険の死亡保障額を減らせば保険料が安くなる。さらに生活費のダウンサイジングも実行し、毎月の貯蓄額の積み増しを図りたい。問題は、その分をどの口座、金融商品で貯めていくか。50代からの貯蓄で考慮したいのが、受取時の税金と受け取り方法だ。

老後資金を準備するための代表的な口座を、受取時の税金のかかり方別に次表にまとめた。

■ **金融商品は利益に税金がかかる**

種類	企業年金（確定給付・確定拠出）、iDeCoの一時金受け取り	企業年金（確定給付・確定拠出）、iDeCoの年金受け取り	財形貯蓄
受取時の税金のかかり方	退職金と同じ	公的年金と同じ	金融商品と同じ
どこに税金がかかるか	**受取額全体**	**受取額全体**	**利益の部分**
非課税枠の仕組み	勤続年数（加入期間）により非課税枠が決まる。同じ時期に複数の一時金を受け取ったら、合算して非課税枠を使う	65歳未満は年間60万円、65歳以上は年間110万円※。同じ年に複数の年金を受け取ったら、合算して非課税枠を使う	財形年金は、預金が残高550万円（保険は払込額385万円）まで利益に非課税。ただし、年金形式で引き出した場合

（注）※は公的年金等以外の合計所得が1000万円以下の場合　（出所）筆者作成

加入できる人の範囲が広がり話題となっているｉＤｅＣｏ（個人型確定拠出年金）は、一括で受け取れば退職金と同じ扱い、年金形式で受け取れば公的年金と同じ扱いだ。一括と年金の併用も可能で、それぞれの扱いで税金がかかる。

注意したいのは、ｉＤｅＣｏの場合、増えた分のみならず、元本部分である掛け金も含めた受取総額が課税対象になることだ。掛け金を積み立てている間は、掛け金は全額、所得控除となるので節税になるが、その代わり受取時に所得として扱われ、所得税と住民税がかかる。非課税枠があるが、退職金や企業年金をそこそこもらえる人は要注意。非課税枠は、勤務先の退職金や企業年金も合算して使う仕組みになっているからだ。

退職金の非課税枠は勤続年数で決まり、例えば３８年間勤務した人なら２０６０万円。超えた分の２分の１に累進税率の所得税と１０％の住民税がかかる。

公的年金等の非課税枠は６５歳未満が年間６０万円、６５歳以降は年間１１０万円（ほかの所得の合計が１０００万円以下の場合）。公的年金等の所得は、ほかの所得とは分けて計算した後、ほかの所得と合算して総合課税となる。所得が多いと、所得税や住民税はもちろんのこと、年金生活での国民健康保険等の社会保険料も高くなる。実際に使える手取りが減るわけだ。

大企業勤務なら退職金と公的年金で非課税枠を超える人もいる。ｉＤｅＣｏを検討する際は勤務先の退職給付を事前に確認したい。

一方、大企業で導入率が高い財形貯蓄は、金融商品の扱い。金融商品は利益が出た分に計２０・３１５％の所得税等の税金がかかる。財形年金貯蓄を選び、非課税枠の範囲なら、この税金が非課税になる。退職金や公的年金の非課税枠が残っていないなら、財形年金の非課税枠を利用する方法もある。

財形貯蓄は勤務先が提携する金融機関の商品を利用する仕組みで定期預金や保険が多い。大きく増えることは期待できないけれど、給与天引きで原則６０歳まで引き出せないので、一度申し込めば確実に貯めることができ、受取時も年金形式のため生活費として使いやすい。申し込めるのは５５歳未満の勤労者で、積み立ては5年以上。

退職金やｉＤｅＣｏの一時金受け取りなど、まとまったお金が入るのは心強いが、すぐに使わないなら、金融商品で運用を続けることになり、今度は利益に税金がかかる。毎月の生活費に充てるなら年金受け取りのほうが使いやすい。
貯めたお金の使い道を考えながら、税金面でもなるべく有利な口座を選んで、老後資金を貯めるラストスパートをかけよう。

（ファイナンシャルプランナー・坂本綾子）

米国株投資でハイリターンを狙う

米国株投資を始める個人投資家が急増している。時差や為替相場の影響、情報不足などを理由に参入をためらう投資家が多かったが、米国株の目覚ましい上昇と取引ツールの進化が投資のハードルをぐっと引き下げた形だ。

新型コロナ禍に揺れた2020年、先進国市場では米国株の躍進が目立った。11月24日にダウ工業株30種平均が史上初の3万ドル台に乗り、IT銘柄が主力のナスダック総合指数は2019年末比で34%高と大幅に上昇し、世界最大の経済大国の実力を見せつけた。

長期的にみても米国株の騰勢の強さが際立っている。次のグラフは1999年末を100として2020年11月17日までの日米株価を並べたものだ。

■ 2000年以降の日米株価

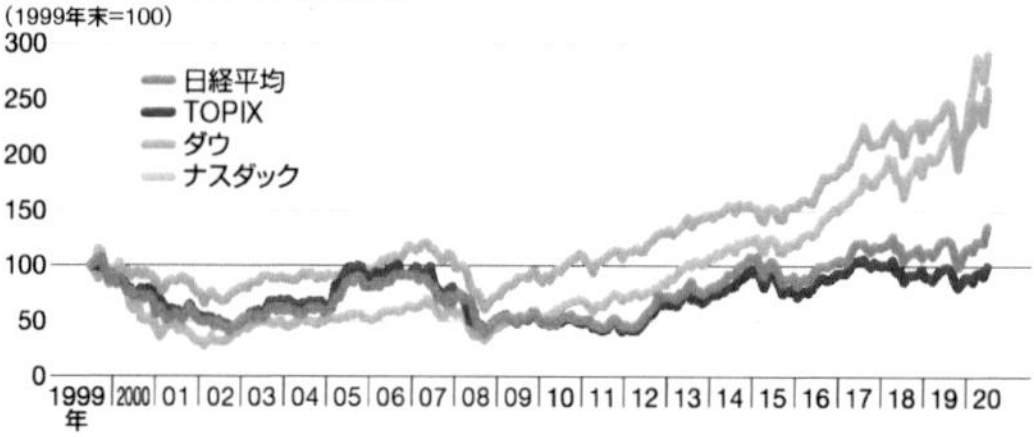

(注)1999年末=100として2020年11月17日まで指数化

日経平均株価は、この20年で37％上昇したが、東証1部全銘柄の株価を反映する東証株価指数（TOPIX）は0・7％高とほぼ横ばいだ。上手に銘柄を選別しない限り、20年越しの長期投資でも元本がほとんど増えないということだ。

一方、ダウは約2・6倍に上昇し、ナスダック指数は3倍近い上昇ぶりだ。これほど力強く上昇するマーケットを投資家が指をくわえて眺めているはずがない。

楽天証券株式・デリバティブ事業部の米国株担当、紙田智弘氏は「20年9月の米国株の取引成立件数は前年同月の14倍に急増した」と話す。主役は20代から50代までの幅広い層の個人投資家だ。

きっかけの一つは、3月にかけての新型コロナ暴落だ。「米国株に興味のあった投資家が株価の極端な値下がりを買いのチャンスとみて投資を始めたようだ」（紙田氏）。

スマートフォンで手軽に取引できるようになったことも米国株人気に火をつけた。楽天証券は4月、無料アプリ「iSPEED」に米国株取引の機能を追加し、20年9月は米国株取引の53％がiSPEED経由だったという。紙田氏は「日本株も米国株も取引できるアプリなので、株価などの情報収集が手軽になり、売買増加につながった」とみている。

米国株デビューは少額から可能だ。日本では18年10月から投資単位が100株に統一され、最低投資金額はトヨタ自動車で約70万円、任天堂で約500万円などと高額だ。

一方、米国株取引は1株単位。アップルが1万円台、マイクロソフトが2万円前後、電気自動車メーカーのテスラが5万円台と最低投資金額は低い。いきなり大金を投じるのではなく、少額で投資できるメリットを生かし、試行錯誤しながら相性のいい銘柄を見つけ、自分の投資スタイルをつくっていくのが賢明だろう。

株主への利益還元を重視する米国では、25年以上も増配を続ける「配当貴族」と呼ばれる銘柄群がある。コカ・コーラや石油メジャーのエクソンモービル、電話会社のAT&Tなどだ。こうした銘柄を個別に買うだけでなく、配当貴族銘柄をパッケージにした米国高配当株式ETF（上場投資信託）を買い、気長に配当を積み上げていくのも有効な投資手法だろう。

20年11月に入って新型コロナワクチンの治験で好成績を得たと発表した製薬大手ファイザーも楽天証券の売買高ランキング上位に登場しており、ニュースに反応して機敏に買いを入れる投資家も少なくない。その点では、米国株も日本株も大差ないようだ。

気になるのは日米の時差だろう。米国株の取引時間は日本時間夜11時半から翌朝6時（夏時間は1時間前倒し）だが、日本の投資家が徹夜で株価を見ているわけではなく、遅くとも1時ごろには就寝する顧客が多いという。

米国株固有のリスクもある。現地では投資家保護の考え方の違いから、日本にあるようなストップ高・ストップ安はなく、株価が急変動しても取引を次々と成立させていく。朝起きて株価を見たら急落している事態もありうるのだ。

ただ、楽天に限らず主要ネット証券では、株価が一定価格を下回ると自動的に売り注文を出す逆指し値注文を使える。保有株のロスカット価格を決めて逆指し値注文を出しておけば、就寝中のリスク管理に役立つ。

配当金は二重課税されるので要注意。源泉徴収税率は米国で一律10%、さらに日本では国内株と同じ20・315%で、合計3割ほどだ。確定申告すれば米国課税分が日本の所得税や住民税の控除対象となって還付されるが、NISAでは米国課税分は控除対象にならない。

米国株の勝率は7割

為替は敵にも味方にもなる。円安なら投資銘柄の円換算値が膨らむが、円高では為替差損を食らう。外国為替証拠金取引（FX）を利用して投資した米国株と同額のドルを売れば理屈のうえでは為替の影響を排除できる。だが、米国株とFXの間で損益通算はできないなど実用性にはやや難がある。

大和証券チーフグローバルストラテジストで米国駐在経験もある壁谷洋和氏は「米国株は長期投資に向いている」と話す。過去50年の米国市場の年間騰落を振り返ると勝率は約7割と高かったためだ。

そのうえで2021年は「巡航速度の健全な株価上昇が続く」と予想する。足元の市場は、新型コロナ流行下で米連邦準備制度理事会（ＦＲＢ）による大量の資金供給が支える金融相場。しかし、２１年は金融政策の効果が薄れる一方、企業業績の改善が顕著になり、業績相場へ移行するとみている。

壁谷氏は「米国市場の主役は今後もＧＡＦＡＭ（グーグル、アップル、フェイスブック、アマゾン、マイクロソフト）だろう」とみている。「米国経済で圧倒的な存在感があり、巨大すぎて他社の割って入る余地がほとんどない」。

「最初は米国の主要企業をほぼ網羅するＳ＆Ｐ５００指数に連動する投信やＥＴＦがいい」（壁谷氏）。米金融大手ステート・ストリート・グローバル・アドバイザーズ（ＳＳＧＡ）が運用するスパイダーシリーズや、低コストで知られる米運用会社ザ・バンガード・グループのＳ＆Ｐ５００型ＥＴＦが入門商品の有力候補だという。「次にアップルやアマゾンといったなじみのある企業に投資すれば、その後は『米国会社四季報』などでほかの会社についても調べてみたくなり、視野が広がっていく」と壁谷氏はアドバイスする。

（ジャーナリスト・相沢清太郎）

株式では物足りない50代が投資すべき商品は？

個別株や投資信託への投資の経験を積んだ、50代以上の運用経験者。腕試しも兼ねて、株式以外の商品にも投資したいと思うときがあるはずだ。さて、トライできる運用対象はあるだろうか。

「慣れているからこそ運用の目的が曖昧になり、遊び感覚になっている人が多い印象を受ける。もしくは、得意分野の情報に偏り、逆に情報弱者のような状態になることもある。結果、安易な話に乗って後悔するケースがある。この年齢だからこそ、慎重に取り組んでほしい」とクレア・ライフ・パートナーズ代表の工藤将太郎氏は話す。

50代は親の介護費や子どもの教育費など、お金の悩みが増えていく時期。だからこそ、自身の老後も見据えてライフプランやマネープランを立てないといけない。

1人で考えるのが不安なら、専門家に相談するのもよいだろう。

フィナンシャル・ウィズダム代表の山崎俊輔氏も、「以前なら、50代は投資をクロージングし始めるイメージだったが、今は人生100年時代を迎えつつある。実際のところ、株を保有している年金生活者は多い。運用を終わらせる必要はなく、むしろ引き続き取り組みたい年代」と言う。

ポイントは、あくまでこれまでの延長線上にあると考えることだ。「今後の人生を見据えたうえで、積極的に増やすのではなく、守る資産の必要性が高まっているなら、株式より債券の投資割合を増やすなど、保守的なポートフォリオに組み直すことも検討したい」（山崎氏）。

工藤氏は、「この先のことを考え、形成した資産を守る視点を持ったほうがよい」と付け加える。

「株式でいえば値動きが安定している高配当銘柄や、債券も考えられる。また、定年後は給与がなくなり年金生活になるので、ほかにも収入を発生させる仕組みがあると安心だ。ある程度資産があるのなら、頭金を多めに入れて収益物件を買い、家賃収入

を得る手段もある」（工藤氏）
ファイナンシャルプランナーの風呂内亜矢氏は、キャッシュリッチなら、不動産投資は候補に挙がるという。「若いうちに始め、時間をかけローンを完済し、いずれは家賃収入のほとんどが手元に残るというのが、本来のやり方だ。だが50代になり原資がたくさんあるなら、多めに資金を入れて収益物件を買うことはできる。ローンの返済比率が低いと手残りが多く、生活の足しとしても安心できる」。
ただし、過剰なリスクを取るのは禁物だ。高利回りの1棟マンションやアパートではなく、低利回りでも賃貸需要がある都市部で、1棟物件より価格の低い区分マンションなど、不動産投資の中でも投資総額や初期コストが抑えられ、管理も専門の事業者に任せられる物件だと、運用の手間とリスクを減らせる。実物の不動産でなくてもよいなら、ＲＥＩＴ（不動産投資信託）を使う手もあるだろう。
自宅の活用もありうる。老後を迎えたときに、賃貸ニーズのある資産価値の高い家を持っていれば、自宅を貸したり売ったりして現金を得ることができ、有料老人ホームなどの入居費用に充てられる。そういった使い道があるのかどうか、確かめておくとよい。

「年金づくりを本格化させたいなら、このタイミングでｉＤｅＣｏを始めてもよい。家庭の出費が一段落していたら、毎月の資金も出しやすく、６０歳まで引き出せない強制力も働く」（風呂内氏）

保険はどうだろうか。今や国内外を見渡しても低金利で、予定利率の高い保険はまだしも、今から加入しても大きなリターンは期待できない。貯蓄性の高い個人年金型保険の多くは販売停止になった。

そうした中、加入時から保険料を支払い、所定の年齢に達したら年金が一生涯支払われる「トンチン保険」に注目する声もある。

「長生きするほど得する仕組みになっている。加入年齢や受け取り開始年齢によって、月額の保険料は高額になりがちで、平均寿命を超えて長生きしないと元本割れすることが多いが、公的年金だけでは不安な人にとって選択肢の1つになるのではないか」（風呂内氏）

■ **まずはこのあたりを押さえたうえで…**

金融商品・投資対象	ポイント
債券	老後を見据えて **ローリスク**の投資にシフト
高配当銘柄	キャピタルゲインよりも **安定的な配当**を重視
不動産投資	資産に余裕があるなら **現金を多めに入れて**購入
REIT （不動産投資信託）	実物の不動産投資を 避けたいなら**REITへ投資**
iDeCo（イデコ） （個人型確定拠出年金）	2022年から**65歳まで積み立て可能**。今から利用を

変わり種の投資対象

投資信託や国内外の個別株をはじめとする主要な金融資産や不動産などの実物資産のほか、ｉＤｅＣｏやＮＩＳＡといった税制優遇制度を活用した運用は王道であり、50代以降も続けていきたい。「ｉＤｅＣｏとつみたてＮＩＳＡは、長期的にコツコツと運用するのに最適な手段。収入が増えて、子育てが落ち着いた家庭なら余裕も出てきて、積み立て投資はやりやすいかもしれない」と工藤氏。ただ、ユニークな運用対象にトライする方法もあるという。

「主に100年以上前の外国の金貨や銀貨に投資するアンティークコイン投資は、資金に余裕のある人から注目を集めている」（工藤氏）。コインは発行枚数が限られるので、希少性が高いものほど付加価値も高い。特別なメンテナンスは必要なく、保管スペースも取らない。

マーケットは世界中にあるので、極端な話、日本で買ったコインを欧米で売ることもできる。コレクションの楽しみもあるだろう。「ただ、悪徳業者がいるので、取引相手の見極めは難しく、注意が必要だ」（工藤氏）。

ほかにも、著名な作家の絵画などを買ってレンタルに出したり売却したりして利益を狙うアート投資、コンテナを買って法人や個人に収納スペースとして貸し出し賃料収入を得るコンテナ投資など、独特な運用手法はたくさんある。しかしながら、独特な案件だからこそリスクが伴う。軽い気持ちで手を出すのは賢明ではない。

「株は上場審査、投資信託は金融庁の審査があるなど、厳格な基準をクリアしているから、安心感がある。一方、利益が生まれる仕組みや安全性が確かめられないものは、結局のところ信用できない。うまい話には、裏があるもの。飛びついてはいけないし、ましてや退職金をつぎ込むのは、もってのほか」（山崎氏）

株式では物足りないからといって、リターンにばかり目が行きリスク管理をおろそかにするのは、本末転倒だ。まずは、老後を見据えたポートフォリオにシフトし、リスクを抑えた運用を徹底すること。リスクを取りたい投資対象があるなら、それはなくなっても構わない余剰資金で投資すべきだ。

株式なら株価上昇だけではなく配当も考慮した銘柄を組み入れる、投資信託は株式だけではなく債券を投資対象とした商品も選ぶ、といったことができるだろう。

リスク商品に大金を一気に投じてはいけない。下調べや専門家のアドバイスを基に、運用対象を精査し、慎重に取り組むようにしたい。

50代でもつねに確認しておくポイント

①老後を意識したポートフォリオ戦略
②リスクを抑えた運用を考える
③株式と投資信託は王道
④退職金など大きなお金をつぎ込まない
⑤相談相手を選びアドバイスを受ける

（ライター・大正谷成晴）

『すみません、金利ってなんですか?』の著者が解説

50代なら知っておくべきお金と税のキーワード

フリーライター・小林義崇

50代にとっては税金についての最低限の知識も必要だ。これらを覚えておけば、自分たちのマネープランの精度も高くなるだろう。

遺産相続に伴い生じる相続税。債務などを差し引いた正味の遺産額が、法定相続人の数に応じた基礎控除額を上回った場合に、申告が必要となる。税率は遺産などの金額に応じて10~55%と幅広い。

申告・納付期限は相続開始(通常は死亡日)を知った日の翌日から10カ月以内。期間内に遺産や債務の確認、遺産分割協議、申告書作成などの手続きを行う必要がある。

2015年度の税制改正により、相続税の基礎控除額の算定方法が変わった。例えば法定相続人が3人の場合、改正前の基礎控除額は8000万円であったが、改正後は4800万円となった。

かつては相続税を課される日本人は全体の約4％にとどまっていたが、こうした改正を受けて、約8％に倍増。今後も、日本の少子高齢化による財政状況の悪化を受け相続税のさらなる増税が考えられるため、「一部の富裕層のみに関係する税」ではなく「誰でも関係しうる一般的な税」として相続税を捉え直す必要があるだろう。

特例措置を上手に使う

相続税の申告が必要になったとしても、特例措置を上手に使えば、税額を軽減できる。

こうした特例は複数存在するが、中でも節税効果が大きいのが「**小規模宅地等の特例**」だ。被相続人が居住に使っていた宅地を配偶者が相続する場合など、一定の条件を満たせば、該当する宅地の評価額を最大80％減額したうえで相続税を計算できる。

ただし、特例を利用するには、相続税申告の際に遺産分割協議書を添付しなくてはならない。遺産分割がスムーズに進まない場合、小規模宅地等の特例を使うことができないため、本来よりも高い相続税額になる。

ただ、相続税申告の際に「申告期限後3年以内の分割見込書」を提出しておけば、遺産分割を行った後に、特例を適用して相続税の申告をやり直すことができる。

贈与税は、個人から財産をもらったときにかかる税金だ。現金であれ不動産であれ、経済的価値のあるものをもらうときは贈与税に注意する必要がある。

贈与税の原則的な計算方法が暦年課税。個人が1月1日から12月31日までの1年間にもらった財産の合計額から、基礎控除額110万円を差し引いて、残った金額に10～55％の税率が適用される。この仕組みをうまく利用すると、生前贈与を相続税の節税につなげることができる。

例えば親から子に、毎年100万円ずつ生前贈与をすると、親が死亡した時点で残る財産が減るため相続税の金額は少なくなる。贈与税についても基礎控除額110万円以内なら、申告・納税は不要だ。

しかし、贈与者の相続開始前3年以内に行われた生前贈与は、相続税の計算に加算するというルールがある。相続が発生する直前に生前贈与をしても相続税の節税効果は発揮されないため、長期的なスパンで計画を立てたい。

一方、贈与税のもう1つの計算方法である相続時精算課税は、生前贈与に対して最大2500万円の非課税枠が設けられているが、非課税になった財産も含めて相続税の課税対象になる。

贈与税の特例措置

「結婚・子育て資金」「教育資金」「住宅取得資金」のいずれかを目的に生前贈与を行う場合、贈与税の特例措置が設けられている。このうち**住宅取得資金贈与の特例**は、自分が住むための住宅を取得するタイミングで両親もしくは祖父母などから贈与を受けた場合に非課税枠が設けられる特例だ。

非課税枠の金額は、住宅取得の契約締結日がいつか、省エネ住宅か、住宅の代金に消費税10％が含まれているか、といった状況によって異なる。

■ 住宅取得資金贈与の特例

新築・取得・増改築した住宅にかかる消費税が
10%ではない場合

契約締結日	非課税限度額	
	省エネ等住宅	左記以外の住宅
2020年4月1日～21年3月31日	1000万円	500万円
2021年4月1日～12月31日	800万円	300万円

新築・取得・増改築した住宅にかかる消費税が
10%の場合

契約締結日	非課税限度額	
	省エネ等住宅	左記以外の住宅
2020年4月1日～21年3月31日	1500万円	1000万円
2021年4月1日～12月31日	1200万円	700万円

➡ 非課税限度額以内なら **贈与税は非課税**

住宅取得資金贈与の特例は、まとまった資金を生前贈与する際に活用したい制度だが、事前に条件をしっかり確認しておく必要がある。

「贈与を受けた年の翌年3月15日までに、贈与された資金の全額を充てて家屋の新築等をすること」という条件があるため、贈与資金の一部のみを住宅取得に使った場合や、贈与資金をローン返済に充てた場合は、特例の対象にはならない。

婚姻期間20年以上の配偶者の間で、自宅もしくは住宅取得資金を生前贈与した場合、2000万円の非課税枠が適用される。これが、贈与税の配偶者控除（通称「おしどり贈与」）だ。

自宅が夫名義で、妻よりも夫のほうが先に死亡すると仮定すると、そのままでは自宅を妻が相続する際に相続税の問題が生じる。そこで、おしどり贈与を使って自宅を妻に生前贈与しておくと、自宅を相続税の対象から外すといったことができる。

財産を子孫に残す方法として、「信託」に注目が集まっている。信託は、自分が亡くなった後の財産の管理運用方法を指定できる制度であり、受託者が財産を管理運用し、指定した受益者が運用益などを得る仕組みになっている。遺言と異なり、信託の場合は受益者の設計によって2代先までの資産承継を指定することが可能だ。

不動産売却、退職金と税

親元から離れて暮らす場合、いずれ実家の不動産を処分することになるだろう。そうした場合に備えて理解しておきたいのが、税金への影響だ。

土地や家屋などの不動産を売却した場合、「譲渡所得」として所得税（復興特別所得税を含む）・住民税の対象となる。相続開始後3年以内に売却した場合は節税効果のある特例措置を使えるため、売却するなら税金への影響を踏まえて計画的に進めたい。

ビジネスパーソンが定年退職後のライフプランを考えるうえで、退職金は極めて重要な要素だ。住宅ローン返済や教育費、資産運用など、使い道はいくつも考えられるが、その前に、税金が差し引かれる可能性について考えなければならない。

一括で受け取る退職金は、退職所得として所得税（復興特別所得税を含む）と住民税の対象となっている。ただし、実際に課税対象となるのは、退職金から「退職所得控除額」を差し引いた残額。退職所得控除額は勤続年数に応じて決まり、勤続20年超の場合、800万円＋70万円×（勤続年数－20年）により計算する。

例えば勤続40年で退職する場合、退職所得控除額の2200万円までは税金がかからない。退職金が退職所得控除額を超える場合、税額を差し引かれた金額が支給される。

小林義崇（こばやし・よしたか）

2004年に東京国税局国税専門官として採用され、相続税調査や所得税の確定申告対応などに従事。17年にライターに転身。著書に『すみません、金利ってなんですか?』など。

「個人が国家リスクをヘッジできる」

慶応大学教授・坂井豊貴

電子マネーや仮想通貨の浸透によって、お金の未来について、関心が高まっている。経済学者の坂井豊貴氏に聞いてみた。

――そもそもお金とは何なのでしょうか。

一言でいうなら「交換の媒介」だ。直接物々交換をする場合は、自分と相手の希望が一致しなければ交換が成立しない。だから人は、何とでも交換できるお金を使う。

お金の重要な条件は、「腐らない」こと。電子マネーが急速に普及しているのは、腐らないうえ重さもゼロ、というデジタル情報の性質が非常にお金向きだからだ。

――お金のデジタル化で、人々の感覚や意識も変わりそうです。

現金を使う場合と比べて金遣いが荒くなったりはするかもしれない。だが、お金に対する感覚は本質的には変わらないのではないか。われわれの感覚がすでに変わり終わっているからだ。

住宅ローンなどの大きな取引は、ほぼ電子上で行われてきたし、給料日には銀行口座の数字が増えるだけ。現金が完全になくなることはないが、キャッシュレス化はかなり前から始まっている。

加えて今後は、仮想通貨（暗号資産）がより存在感を増すだろう。じゃぶじゃぶ供給される法定通貨が信認を失う一方で、行き場を失った投資マネーの流入先に選ばれている。ビットコインの時価総額はすでに30兆円を超えた。

――電子マネーと仮想通貨にはどんな違いがあるのでしょうか。

電子マネーは法定通貨が基になった決済の仕組みだ。一方、ビットコインに代表される仮想通貨は例外を除き法定通貨にひもづいていない。発行上限はプログラムで厳格に定まっているものが多い。

今はコロナ対策のために各国の中央銀行の施策で世界のお金が増えており、個人の持つ法定通貨の価値は勝手に下げられているも同然だ。これを嫌って仮想通貨に投資している人は、意外に多い。

――私たちの日常生活に仮想通貨はどう関係しますか？

そもそも、法定通貨だけしかない世界は個人にとってリスクが高い。法定通貨にひもづいた私的所有権は、国家に容易に取り上げられうる。国家と無関係なお金の存在はこの関係性を変える。

お金が仮想通貨だけになればいいとまでは思わない。選択肢が複数あって資産を分散でき、個人の裁量で国家リスクをヘッジできることが重要だ。

まずはビットコインへの理解を深めるだけでも意味がある。サイバー空間で起こる金融分野の革新は、現実世界の金融にも多大な影響を及ぼすだろう。ビットコインはその入り口になる。

──注意することは?

お金自体が電子情報になると同時に、個人がどのようにお金を使ったかという貴重な情報の収集が容易になった。世の中の流れに逆らうのは難しいが、理解したうえで行動したい。香港民主化デモの参加者は、電車の切符を現金でしか買わなかった。情報の怖さを知っているのだ。プライバシーが守られる決済手段は人間の自由のために大切だ。

(聞き手・山本舞衣)

坂井豊貴(さかい・とよたか)
慶応大学経済学部教授、(株)デューデリ&ディールのチーフエコノミスト。米ロチェスター大学経済学部で博士号取得。専門分野は投票制度・オークション方式など。近著に『メカニズムデザインで勝つ』。

「価値と価格の差を考え抜く投資哲学」

ブルー・マーリン・パートナーズ　代表・山口揚平

山口揚平氏はカネボウなどの大型企業再生案件に携わった後、独立。今はコンサルティング会社などを経営している。お金に関する著書も多い山口氏に、その扱いや投資に役立つ本を紹介してもらった。

――いちばん薦めたい本は？

投資では、バイブル的な本がある。『バフェットからの手紙』（ウォーレン・バフェット、ローレンス・A・カニンガム　著・パンローリング）。投資の哲学が書いてあるのは株じゃない、会社だ」「投資とは価値と価格の差を見抜くこと」など。多くの人は株を買う場合、価格から価値を考えるが、「価格と価値はいつも違う。価格は見えるけれど、価値は見えない。だから、訓練をしましょう」というのがバフェットのメッセージだ。

価値と価格の差を見抜くというのがバフェット式である。これら2つの変数をひたすら考え続けている。それが世界一の金持ちのやり方だ。自身が経営する会社の株主宛てに書いた手紙をまとめたのがこの本。私も1年に1回は手に取る。投資家としての私の3分の1は、バフェットの思想でできている。

――ご自身にもお金や投資に関する著作がたくさんあります。

『ほんとうの株のしくみ』（山口揚平 著・PHP文庫）という本がある。『バフェットからの手紙』から刺激を受けたが、より具体的なアプローチの仕方を書いている。投資についてはこれら2冊があれば大丈夫だ、と思うほどだ。お金に関して、私は『新しい時代のお金の教科書』という本も書いた。お金というものは、信用を外部化し、それを匿名で流通できるようにしたものである。「だから信用をためてみよう」と提起した。

岩井克人さんの『会社はだれのものか』など有名な古典は読むべき価値があると思

う。横山禎徳さんの『「豊かなる衰退」と日本の戦略』（横山禎徳 著・ダイヤモンド社）は、日本の未来を適切に予測していて、「まあ、そうなるよね。じゃあ、こうやって生きていこう」と指針を与える本だ。

――コロナ禍によって、社会は変容しています。

みんな、テレワークの限界というか、手触り感のない中で仕事をすることにもう飽きている。だから走る、歌う、海や山に行く……など立体感のあることを求めて、日常をしのいでいくのではないか。仕事では「一緒にいたい、働きたい」と思われるような存在感が重要になる。会社という箱がなくなった途端、まずい立場に置かれるおじさんたちが増えるだろう。

（聞き手・堀川美行）

山口揚平（やまぐち・ようへい）

1975年生まれ。99年からコンサルティング会社に勤務。カネボウなどの再生に携わった後、独立。複数の事業・会社を運営する。お金、投資、働き方などに関する著書多数。

結局、お金って何だろうか

玉川大学名誉教授・岡本裕一朗

お金は、人類が文字を使用し始めるのと同じくらい古くから使われ、現代の生活でも不可欠なものだ。お金が大切なことは、子どもだって知っている。ところが、「そもそもお金って何？」と改めて問い直すと、たいてい答えに窮してしまう。別に難しい理論を要求しているのではない。それなのに、改めて考えてみればよくわからない――。「彼らはそれを知らない。しかし彼らはそれをやっている」（『資本論』）。これがおそらく、お金の特質かもしれない。

お金は一方で、多くの人が求め、手に入れたいと願っている。そのため、お金をたくさん持っていると、羨望の的になる。その点では、お金は価値あるものと言ってよい。それなのに、他方では、お金を求めることは、古くから軽蔑され続けてきた。例えば、『新約聖書』では、お金をばらまく悪魔「マモン」が描かれ、それに支配された拝金主義は「マモニズム」と呼ばれる。

古代のギリシア悲劇でも、近代の演劇でも、お金はどこかしら「汚い」もので、それを求める人は、しばしば非難されている。モリエールの『守銭奴』やシェイクスピアの『ヴェニスの商人』では、そうしたお金に対する両義的な感情が、ストレートに表現されている。お金の特徴は、この対立する2つの性格にある。

お金フェティシズム

お金は価値があり、多くの人が熱狂的に求める。しかし、お金のどこに魅力があるのだろうか。例えば、紙幣を考えてみれば、ただの印刷された紙にすぎない。それだけでは、おそらく何の役にも立たないだろう。鼻紙にするには硬すぎるし、空腹だからといって食べることもできない。昔の成り金は、紙幣を燃やして明かりを取ったようだが、それはむしろ笑いのネタになっている。

金や銀のような金属をお金と考えて、それを保管することに喜びを見いだす人もいる。以前は、金や銀の本位制が取られていて、お金を求めることは、金や銀を獲得することだった。哲学者のロックは、この考えを提唱したが、社会的な経済政策としては失敗した。

そもそも、金や銀は、どうして価値があるのだろうか。それだけでは食べることもできなければ、明かりを取ることさえできない。何の役に立つのか考えてみても、おそらく答えはほとんど思い浮かばないだろう。にもかかわらず、人々が熱狂的に求めるのはどうしてだろうか。

マルクスが『資本論』で用いた言葉で表現すれば、お金を求めるこの態度は「フェティシズム（物神崇拝）」と呼ぶことができる。この言葉は、特定のものに愛着を示す用語として、人類学や心理学で使われている。日常的にも「靴フェチ」とか「足フェチ」のような言葉があるので、よく知られているに違いない。してみると、お金に対する非難は、「お金フェチ」に向けられているのかもしれない。お金だけを求めることは滑稽である。では、お金によって人は何を求めるのだろうか。

なぜ価値を持つのか

お金がなぜ価値を持つのか、具体的に考えてみよう。例えば、レストランで食事をして、1万円札を出して支払いをする。このとき何が起こっているのか。

まず、1万円札を支払うほうも受け取るほうも、その紙きれをただの紙きれではなく「1万円札」と見なしている。当たり前のようだが、こうした双方の了解抜きには、ただの紙きれは価値を持つことができない。この場合、通貨制度が社会的に成立し、双方ともこの制度的事実の意味を知っている。ここでは、お金はほかの何かのための代金として使われる。社会の中で価格のあるものであれば、何にでも交換できるのだ。

こうした状況を説明するため、サールというアメリカの哲学者が提示した方式を利用してみよう。それは「地位機能」と呼ばれる考え方だが、少し硬いので、「XはCという状況でYと見なされる」と言い換えよう。

この方式で核心を成すのは2つの点である。1つは、お金はそれだけでは何の役にも立たず、ほかの物との交換のためにのみ価値があること。もう1つは、「Cという状況で」と言われるように、必ず一定の範囲や文脈に限定されること。紙きれや金属をお金と見なし、ほかの物との交換手段と見なす人々の間でのみ価値がある。

逆に言えば、そうした制度的な事実を知らない人や、お金そのものに何の価値も認めない人には、お金はその力を発揮することができない。ここに、お金をめぐる悲喜劇のルーツがある。

一見したところ、お金は何にでも交換可能で、絶大な力を持っているように感じられる。「お金があれば、何でもできる」と思いがちだ。このとき、お金が価値を持つのは、それを認める人々の間だけだ、という前提を忘れている。こうした人たちについて、古代ギリシアの哲学者・アリストテレスは、はっきりと警告している。

「金持ちは富の獲得にいささか影響されて、傲慢かつ不遜である。というのは、彼らは、まるでよいものを何もかも所有している気になっているからである。つまり、彼らにとって富は、いわば他のものの価値を決める一種の基準のようなものであって、それゆえ、富と交換なら買えないものはない、と思い込んでいるのである」（『弁論術』）

この警告を、貧しい人の嫉妬と思わないほうがいい。むしろ、豊かになればなるほど、それをわきまえる傾向が強くなるのではないだろうか。現代社会では、一方でお金の力がますます強くなって、通用する範囲を広げつつある。グローバル主義の名の下で世界中に威力を拡散していった。

しかし、お金はすべてのものの基準なのか、自分自身に問い直してみるとよい。例えば、あなたに優しくする他人がいたとする。そのため、その人を信頼し気に入っていたとしよう。ところが、その人があなたに優しくするのは、あなたが持っているお金のためだとわかったら、その人を今までどおり信頼できるだろうか。

お金がすべてのものの基準だと見なすとすれば、家族も友人も失うことになるだろう。さらには自分自身をも見失ってしまう。

だとすれば、お金と付き合うには、「Cという状況で」という有効範囲を正しく見極めることが大切である。お金はもちろん、その力を過小評価することはできない。だとしても、それが評価される範囲を見誤ると、思わぬ落とし穴が待っている。『ヴェニスの商人』の終わりのほうで、シェイクスピアは金の亡者シャイロックにこう言わせている。

「おれの命の支えは金だ。金を取るなあ、おれを殺すも同じじゃねえか」

【ポイント】
・羨望と軽蔑の2つの対立する感情を生む
・お金は価値を認める者の間で価値を持つ
・お金の正しい有効範囲を見極める

岡本裕一朗（おかもと・ゆういちろう）
1954年生まれ。玉川大学教授を経て、2019年より現職。哲学とテクノロジーの領域横断的な研究を行う。著書に『いま世界の哲学者が考えていること』など多数。

【週刊東洋経済】

本書は、東洋経済新報社『週刊東洋経済』2020年12月12日号より抜粋、加筆修正のうえ制作しています。この記事が完全収録された底本をはじめ、雑誌バックナンバーは小社ホームページからもお求めいただけます。

小社では、『週刊東洋経済eビジネス新書』シリーズをはじめ、このほかにも多数の電子書籍ラインナップをそろえております。ぜひストアにて「東洋経済」で検索してみてください。

『週刊東洋経済eビジネス新書』シリーズ

No.338　世界史&宗教のツボ
No.339　MARCH大解剖
No.340　病院が壊れる
No.341　就職氷河期を救え!
No.342　衝撃! 住めない街

No.343　クスリの罠・医療の闇
No.344　船・港　海の経済学
No.345　資産運用マニュアル
No.346　マンションのリアル
No.347　三菱今昔　150年目の名門財閥
No.348　民法&労働法　大改正
No.349　アクティビスト　牙むく株主
No.350　名門大学　シン・序列
No.351　電機の試練
No.352　コロナ時代の不動産
No.353　変わり始めた銀行
No.354　脱炭素　待ったなし
No.355　独習　教養をみがく
No.356　鉄道・航空の惨状

週刊東洋経済eビジネス新書　No.368
老後マネーの育て方

【本誌（底本）】
編集局　堀川美行、福田　淳
デザイン　藤本麻衣、佐藤優子、杉山未記
進行管理　下村　恵
発行日　２０２０年１２月１２日

【電子版】
編集制作　塚田由紀夫、長谷川　隆
デザイン　市川和代
制作協力　丸井工文社
発行日　２０２１年８月２６日　Ver.1

発行所　〒103-8345
東京都中央区日本橋本石町1-2-1
東洋経済新報社
電話　東洋経済コールセンター
03（6386）1040
https://toyokeizai.net/
発行人　駒橋憲一

電子書籍化に際しては、仕様上の都合などにより適宜編集を加えています。登場人物に関する情報、価格、為替レートなどは、特に記載のない限り底本編集当時のものです。一部の漢字を簡易慣用字体やかなで表記している場合があります。本書は縦書きでレイアウトしています。ご覧になる機種により表示に差が生じることがあります。

※本刊行物は、電子書籍版に基づいてプリントオンデマンド版として作成されたものです。